音楽科授業サポートBOOKS

石上則子 編著

歌唱共通教材から伝統音楽,
各分野の教材まで
みんなで深める！

小学校
音楽あそび
70

明治図書

はじめに

　小学校音楽科の目標及び内容は，令和２年度より完全実施された新学習指導要領の趣旨に基づき，資質・能力の三つの柱に整理されて示されるようになりました。「主体的・対話的で深い学び」の実現に向けて，これらの目標及び内容を子供たちが身に付けられるように活発な授業改善が行われています。

　ア　何を理解しているか，何ができるか

　　　　　　　　　　　　　　（生きて働く「知識・技能」の習得）

　イ　理解していること・できることをどう使うか

　　　　　（未知の状況にも対応できる「思考力・判断力・表現力等」の育成）

　ウ　どのように社会・世界と関わり，よりよい人生を送るか

　　　　（学びを人生や社会に生かそうとする「学びに向かう力・人間性等」の涵養）

　本書は，そうした現在の音楽科教育の動向を踏まえ，前著『準備らくらく！　アイデア満載！　小学校音楽あそび70』の第２弾として「音楽あそび」の事例を掲載いたしました。「音楽あそび」とは，子供の興味・関心を引き出すだけでなく，楽しみながら音楽を表現したり，鑑賞したりするために必要な基礎的な能力や，思考力・判断力・表現力等を培っていく活動のことです。

　本書では，前著に引き続き，短い時間で行え，無理なく続けられる活動，題材の中で常時活動として扱うと，子供の主体的な学び，協働的な学びが得られる事例を掲載しました。それに加えて，「主体的・対話的で深い学び」につながるような題材の展開に音楽あそびを入れ込むようにしました。歌唱共通教材から伝統音楽，各分野の教材に至るまで，様々な音楽あそびを紹介することで，多くの先生方が「私もしている」「こうすればいいのか」「なるほどやってみよう」と思われ，毎日の音楽科授業に自信をもって取り組んでいただいたり，子供たちが主体的・協働的に音楽学習に取り組めたりし，子供たちにとっても指導者にとっても互いの学びが深まるヒントとなればと考えています。

その一例が，「我が国や世界の遊びうた，伝統的な音楽で」のパートです。ここでは，グローバル化した社会に生きる子供たちのために，日本人として知っておきたい日本の伝統的な子供のうたや音楽，世界の音楽文化の一端にふれる子供のうたや音楽を扱います。それらの音楽は，子供の遊びや地域の仕事，生活に根ざしたものです。「音楽あそび」を楽しみながら，無理なく多様な音楽に親しむ中で，音楽の基礎的な能力を培い，自己や他者のよさを見いだし，ともに生きる力を育んでいきたいと考えました。

　また，「歌唱共通教材」24曲全曲を取り上げました。「音楽あそびに，歌唱共通教材？」と疑問に思われる方もいらっしゃるかもしれません。歌唱共通教材は，世代を越えて歌い続けていきたい曲，季節や自然等の風情や美しさを感じられる曲として，日本人の感性が息づく「音楽の継承」という意味合いで取り上げられています。それらを大切にしながら，歌唱共通教材がもつ音楽としてのよさや面白さ，美しさを感じ取るのが，「魅力ある歌唱共通教材で」のパートです。

　「音楽あそび」で日常的に歌ったりその旋律やリズム等にたっぷりと親しんだりすることにより，子供にとって身近な歌となり，おうちの方と一緒に歌える歌，他国の人に「日本の歌です！」と自信をもって紹介できる歌として，学ぶ意味を実感できるようになります。

　まとめに，各事例の目標についてふれておきます。本書では，始めに述べた資質・能力の三つの柱を押さえながら，各事例で特に育てたい資質・能力に焦点を当てて，1つか2つの目標を「ねらい」として示しました。三つの柱に示された資質・能力は，別個に育てていくものではありませんが，1つの事例の中ですべて育まれるものでもありません。ここに記載した目標は，各事例を題材の中に取り入れて展開されるときに参考にしていただき，様々な題材の中で三つの柱に整理された資質・能力がバランスよく育てられていくように実践していただけたらと考えています。

　音楽科の学びをみんなで深める「音楽あそび」です。
　様々な場面でご活用ください。

本書の使い方

　本書は，現在の日本の音楽科教育の動向を踏まえ，次に紹介する①〜④の4パートで構成しました。子供の「音楽的な見方・考え方」を培い，子供自らがそれらを働かせて音楽の学習に主体的に関われるような「音楽あそび」を掲示しています。

　ここで紹介した事例は，学びの要となる音楽を形づくっている要素を焦点化し，音や音楽の知識を楽しみながら得ることができるようにしました。また，「こう表したい」という思いや意図を表現するために必要な技能を効果的に身に付けられるように，活動の仕方に留意しました。さらに，教師と子供という対峙した関係だけでなく，友達同士でも「音楽あそび」を展開できるように，音や音楽，言葉等による音楽科ならではのコミュニケーションを重視した活動を例示しています。

　したがって，ここで挙げた活動は，教材として曲を使うことも使わないこともありますが，1つの活動を他の教材に応用したり，他の領域・分野に転用したりすることもできます。10分程度の活動を常時活動として毎時行うことや，1事例の内容を1単位時間で行ったり，1題材の指導計画に位置付けたりして展開することもできます。

　一方で，横断的な学習やカリキュラム・マネジメントが求められている今日，音楽科はどのように何を学べばよいのかという視点も考慮しました。子供が音楽そのものの価値を見いだし，音楽によって創造性を発揮するとともに，音楽が生活や社会に果たす役割にも目を向けられるように応用的，発展的な内容にもふれています。

● 各事例の扱い方 ●

①「我が国や世界の遊びうた，伝統的な音楽で」

　1つ目のパートは，はじめにで述べたように，日本人としてのアイデンティティと国際人としてのグローバルな資質・能力の育成を見据え，我が国や世界の遊びうた，伝統的な音楽を教材として「音楽あそび」を展開しました。低・中学年では我が国の

原初的な音楽と言えるわらべうた，中・高学年では小学校でもよく扱われる民謡も取り上げました。これらは，音楽としての教材性もさることながら，歌い継がれてきた我が国の伝統的な音楽のよさや面白さにもふれることができます。

　例えば，「えかきうた」は，昔から伝わるものもあれば，子供が思い思いに今の自分の興味を口ずさみながら絵にしていくものもあります。人気のキャラクターを描く「えかきうた」もあります。目に見えない音を視覚化する手立てともなり，いろいろな時間に遊んでおくことにより，子供の豊かな創造性を引き出す一助ともなります（pp.10-11）。

　また，世界の子供のうたは，これまで何となく親しんできた歌を生まれた国の歌として捉え直すことで，世界の音楽への関心を高めながら展開していくことができます（pp.16-17）。英語の歌は，音楽の時間でも英語の時間でも歌うことができます。世界の共通語としての英語の歌を知っておくことは，外国の方とコミュニケーションをとるときの架け橋となってくれることでしょう（pp.26-27）。

②「魅力ある歌唱共通教材で」

　小学校の歌唱共通教材は，歌い継いでいく歌として示されている教材ですが，それぞれに音楽的な特徴があります。ここでは，はじめにで述べた通り，その特徴を捉え，「音楽あそび」として日常的に活動できる内容を示しました。

　例えば，「春の小川」を音楽の授業で歌う際，事例に示された活動を取り入れたり，次の日の朝の会や帰りの会では，事例の「ミソラソ」に続く即興的な「旋律あそび」を楽しんだりすることができます（pp.60-61）。

　また，「私の『ふるさと』は心の故郷」の事例を使って音楽科の授業で主旋律を覚えたら，他の教科との横断的な学習として作詞家や作曲家のことを調べたり，音楽科では三部合唱を学んだりし，老人ホームへの訪問活動の際に調べたことを発表してホームの方々と一緒に歌ってきたりするなど，ダイナミックな学習を実施することも可能です（pp.88-89）。

　「音楽あそび」として扱った歌唱共通教材が「歌っておけばいい」存在ではなく，子供にとって身近な存在となり，いつでもどこでもだれとでも歌える歌として子供の心に残るように，これらの事例を生かしていただけたらと願っています。

③「声や楽器，身の回りの音や音楽で」

　このパートでは，歌唱，器楽，音楽づくりの表現の各分野に関わる「音楽あそび」をほぼ2事例ずつ示しました。日常的な朝の会や帰りの会で活用するのはもちろん，題材の導入で扱ったり，題材の中心に据えたりすることができます。また，授業に変化を付けたり，子供たちのトラブルが起きやすい給食準備や授業の隙間の時間に取り入れたりすることで，学校生活に彩りと穏やかな日々をもたらします。

　例えば，6年でイ短調の曲をリコーダーで演奏しようという際，「イ短調の響きもかっこいっイ！」を生かして朝の会で事例の活動を行っておいたり，音楽科授業の導入に使ったりして，1日の流れや1時間の流れの中で無理なく学びを深めることができるようにします（pp. 126-127）。

　音楽科の授業の導入で，事例から1つの活動を選んで子供たちだけで行えるようにしておくことも可能です。

④「見て聴いて体を動かして」

　このパートでは，鑑賞教材を取り上げました。特に，見えない音楽を見える音楽にし，子供たちが音楽をどう捉えているかを知る可視化，動作化を重視しました。日々の「音楽あそび」として音楽を聴く際に，歩いたり手を動かしたりボールを回したりといった体の動きは，教師が子供を見るときだけでなく，子供同士が何に気付き，何を感じたかを知り合える大切なコミュニケーションのツールでもあります。

　例えば，「詩と音楽が織りなす『日本の歌曲』」といった事例でも，手を動かして旋律線を描いたり，手の動かし方で旋律の音の動きや強弱変化を表したりすることで，どのように感じているのかを見ている人とも共有できます。互いに理解し合えたことをもとに，自分たちの表現に生かしたり，聴き方を深めたりしていくことができます（pp. 148-149）。

　本書は，先に述べたように子供同士でも，教師と子供でも進められる活動を掲載しています。「音楽あそび」をしながら教師も子供も主体的・対話的に学び，音楽の学びを深めることができる構成になっています。

　本書をいつも傍におき，活用していただけたら幸いです。

Contents

はじめに

本書の使い方

7

———— 声や楽器，身の回りの音や音楽で ————

見て聴いて体を動かして

① 楽しいよ！ 「えかきうた」

<table>
<tr><td>

**学習の要となる
音楽を形づくっている要素**

音色　リズム　旋律　拍

</td><td>

■ 教材「さんちゃんが」「みみずが三びき」わら
　べうた
□ Ｂ４画用紙の４つ切り（Ｂ６サイズ）
　筆記用具またはタブレット＋ペン

</td></tr>
</table>

ねらい

○旋律やリズム，歌詞の表す情景や気持ちと曲想との関わりに気付き，声の
　出し方に気を付けて歌う
○わらべうたの音階を使って，歌詞の抑揚に合う旋律をつくって歌う
　「えかきうた」は，子供が１人で紙に向かって歌いながら，線画を描いて
いくわらべうたです。コンピューターでお絵描きできる時代ですが，日本語
の抑揚に合う音の動きやリズムから旋律が生まれることに変わりありません。
言葉やその表情から旋律を即興的につくることを楽しみながら，友達と聴き
合ったり一緒に歌ったりして，その楽しさを共有するようにします。

活動内容

(1)範唱ＣＤを聴きながら「さんちゃんが」を歌ったり，画用紙に描いたり
　する（10分）

<table>
<tr><td>

♪さんちゃんが
　さんえんもらって
　まめかって
　おくちをとんがらせて　ぼくたぬき
　ばってん

</td><td>

</td></tr>
</table>

(2)**知っている「えかきうた」を紹介し合う（10分）**

T　　他に知っている「えかきうた」はありますか？

C1　「みみずが三びき」を知っています！

C2　私も「みみずが三びき」を知っています！

T　　C1さんとC2さんで黒板に絵を描きながら歌って，みんなに紹介して
　　　ください。

・保育園などで習ったうたを思い起こすようにする。

①発表する2人は，黒板に絵を描きながら友達に伝わる声で歌う

・子供は絵が小さくなりがちなので，描く枠を示したり教師が一緒に描いた
　りするとよい。

②他の友達は，発表する2人の絵を参考に自分のB6画用紙に絵を描きなが
　ら合わせて歌う

> ♪みみずが三匹　はいよって　あさめし　ひるめし　晩のめし
> 　雨がざあざあ降ってきて　あられがポツポツ降ってきて
> 　雪もこんこん降ってきて　ア〜と言う間に蛸入道

③「えかきうた紹介タイム」を設定して，探したりつくったりした「えかき
　うた」を発表し，他の子供たちと共有できるようにする

・電子黒板や実物投影機等のICTを活用すると効果的である。

・アニメから生まれた「ドラえもんえかきうた」等は伝統とは異なるが，歌
　と絵を結び付ける創造性を引き出すものとして発表させるとよい。

どんな活動に応用できる？

　図工の絵が早く描き終わったり算数の計算が早く終わったりしたときなど，
隙間の時間に楽しむことができます。「にほんのうたをたのしもう」の題材
として扱うこともできますが，身近なテーマで1人でも2人でも何人でも一
緒に描きながらつくって歌うことができるので，生活に潤いをもたせる子供
の音楽文化として息づくようにしたいものです。　　　　　　　（石上　則子）

② 「おちゃらか」でお手合わせ

学習の要となる
音楽を形づくっている要素

速度　旋律　拍

■　教材「おちゃらか」わらべうた

ねらい

○曲想と歌詞の表す情景との関わりに気付き，範唱を聴いて歌う

○曲想と音楽の構造との関わりを生かして表現を工夫し，思いをもって歌う

　子供たちが，友達と歌いながらお手合わせする中で，日本の伝統的な2拍子のまとまりを感じ取ることができる教材です。ジャンケンの勝ち負けではなく，歌に合わせて動きができたかどうかで勝敗を決めるようにすると，「だんだん速度を上げる」などと自分たちの考えた遊び方で楽しむようになります。

譜例1　前拍と後拍のまとまりがない歌い方

譜例2　前拍と後拍のまとまりがある歌い方

活動内容

(1)「おちゃらか」の遊び方を知る（10分）

①範唱を聴く

②フレーズごとに教師に続いて歌う

③遊び方を知っている子供がいれば，全員の前で発表する

・教科書と違う遊び方をしていても，わらべうたは，地域により遊び方が異なる場合もあることを伝えて，子供の遊び方を取り入れるようにする。

(2)「おちゃらか」の2拍子のお手合わせを感じ取る

①前拍と後拍のまとまりがない歌い方とまとまりがある歌い方の両方を歌い，どちらが自然なお手合わせになるかを試す（5分）

・教師と子供全員が対面し，教師の2種類の歌い方（譜例1・2）でお手合わせのまねをしながら，日本の伝統的な2拍子を感じ取る場を設定する。

②ペアで「おちゃらか」を歌いながら，お手合わせをする（5分）

・クラス全員が同じタイミングで歌い出し，ゆっくりと動きを確かめながら歌うようにする。

・「はじめましょう（ラララソラ）」など，わらべうた風に教師が歌い，続いて「せっせっせーの」と歌い始めるなど，始め方のルールを決めておく。

③ペアでルールを決めて遊ぶ（7分）

(3)速度の変え方を工夫し，発表し合う（10分）

・〔だんだん速く〕〔成功した一番速い速度で〕など，速度に注目して聴く。

どんな活動に応用できる？

　「おちゃらか」の2拍子感は，日本の伝統的な手拍子や輪遊びの足の動きにも表れます。教師自身が2拍子のまとまりに着目することにより，範唱や伴奏の仕方が変わります。すると，子供たちは自然に前拍と後拍のまとまりがある歌い方をするようになります。

（西沢　久実）

③ 「なべなべそこぬけ」で 踊って歌って奏でよう

学習の要となる 音楽を形づくっている要素 リズム 旋律 音の重なり 反復	■ 教材「なべなべそこぬけ」わらべうた □ リズムカード（3種類） 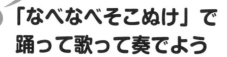

ねらい

○リズムや旋律，音の重なりと曲想との関わりに気付き，互いの音を聴き合って，声や音を合わせて表現する

○わらべうたに親しみ，一緒に遊んだり，歌ったり，楽器や手拍子で演奏したりする学習に友達と協力して楽しく取り組む

　「なべなべそこぬけ」は，隣り合う3音からなるわらべうたです。リズムも単純なので，あそび（体の動き）→歌唱→器楽と移行しやすく様々な表現活動を展開できます。ここでは，音盤を取り外せる木琴やトーンチャイム等の低学年で扱いやすい楽器で演奏も楽しみます。

活動内容

(1)「なべなべそこぬけ」を歌いながら遊ぶ（10分）【譜例1】

・全員で丸くなってペアで向き合い，遊びながら歌う。1回目の「かえりましょ」では背中合わせに。2回目の「かえりましょ」では元に戻らず背中合わせのまま右に半回転して次の友達と対面する。これを繰り返す。

譜例1 「なべなべそこぬけ」

なべ　なべ　そこぬけ　　そこが　ぬけたら　かえりま　しょ

T　次のお友達とご対面したら（ニコっと）アイコンタクトしてね。

C　いろんなお友達と遊ぶことができて楽しい。

⑵「なべなべそこぬけ」を A なべなべ，B そこぬけ，C そこが，D ぬけたら E かえりましょに分かれ，リズムあそびをする【譜例2】

①教師のオスティナート伴奏（バス木琴等）に合わせて A を歌う（10分）

・A は，【譜例1】の主旋律を歌うようにする。

②A～E の5つのグループをつくり，「リズムカード」を見ながら，各グループで手拍子を打つ（10分）

③A は主旋律【譜例1】を歌い，B～E は音盤の外れる木琴で「ミ」「ソ」「ラ」の音から選んで即興的に演奏する（10分）

・「ミ」「ソ」「ラ」以外の音盤を外す。

譜例2

・歌やトーンチャイム，鍵盤ハーモニカでも楽しむことができる。

どんな活動に応用できる？

　低学年でわらべうたに使われている音階の音で音楽あそびをすることは，中学年以降のお囃子や民謡を鑑賞したり，日本の伝統的な音階で旋律をつくったりする学習につながります。それは，我が国や郷土に伝わる音楽に対する理解を深めることにもなります。また，簡単なリズムに慣れ親しんでおくことは，中学年以降の学習を充実させる原動力になります。　　　（叶　こみち）

4 リズムあそびだ！ 「小犬のビンゴ」

> **学習の要となる**
> **音楽を形づくっている要素**
>
> リズム　速度　旋律　強弱　拍

> ■ 教材「小犬のビンゴ」
> 　志摩桂　日本語詞 ／ アメリカの遊びうた
> □ BINGO の文字を書いた 5 枚のカード
> 　トイプードルの絵とグレートデーンの絵

ねらい

○歌詞の表す気持ち，強弱や速度，リズムや旋律と曲想との関わりに気付き，
　手拍子や歌声を聴いて，声を合わせて歌う

○手拍子と歌の組合せが生み出す面白さを感じ取り，どのように歌うかについ
　て思いや意図をもつ

　原曲は，アメリカの子供たちの間で人気のある遊びうたです。小犬の名前
「ビンゴ」のつづりが歌詞に取り入れられています。拍にのって遊びながら，
自然にリズム感等の感覚を育てることができます。

活動内容

⑴「小犬のビンゴ」を手拍子したり歌ったりして遊ぶ

①指導用 CD を聴いて，遊び方を知る（5分）

C　だんだん字が減っていくのが面白いよ。できるかな。やってみたい！

②黒板に「B」「I」「N」「G」「O」と書いたカードを掲示し，CD に合わ
　せ，「引き算あそび」をする（7分）

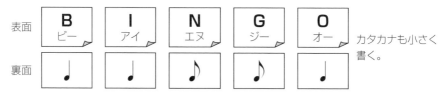

・黒板に掲示したカードを順に裏返していき，裏返したカードのリズムを手拍子する。「足し算あそび」はその逆。全部裏返した状態で始める。

③カラオケCDを使って，ランダムに変えて遊ぶ（7分）

・指名された子供が前に出てきて，好きなカードを選んで裏返していく。②と同様に手拍子したり，歌ったりして遊ぶ。

(2)グループで相談して手拍子のところを，膝をたたく，肩をたたく，足踏みする，手を膨らませてたたくなど好きな音にして遊ぶ（10分）

(3)グループごとに発表する。見ている子供たちも一緒に歌う。後でまねをして一緒に遊ぶ（10分）

(4)犬を選び，強弱や速度を工夫して遊ぶ

①教師のピアノ演奏を聴き，犬を選ぶ（10分）

T　（犬の絵を掲示して）どっちのビンゴかな？

・№1はゆっくり低音域で演奏，№2は速く高音域で演奏する。

②歌いたい感じの犬を選んで4〜6人のグループをつくり，歌い方や手拍子の打ち方を工夫して発表する（10分）

T　選んだ犬の感じがよく伝わるようにグループで歌い方やたたき方を工夫しましょう。

C　トイプードルは，小さな声で速くして歌うといい感じになりました。

C　グレートデーングループは，大きな声でゆっくり歌います。

どんな活動に応用できる？

　休符を使ったリズムの面白さを味わうので，四分音符と四分休符を組み合わせたリズムをつくるあそびにつながります。どこに休符があると難しくなるか，面白くなるか，子供たちはこのあそびの中で自然と気が付いていきます。

　また，歌い方の工夫は，「ようすをおもいうかべよう」の題材で生かすことができます。

（中川　法子）

5 「山のポルカ」で合いの手あそび

学習の要となる 音楽を形づくっている要素 音色　リズム　拍 呼びかけとこたえ	■ 教材「山のポルカ」チェコ民謡 　芙龍明子　日本語詞　／　飯沼信義　編曲 □ 合いの手のカード 　いくつかの打楽器（タンブリン，鈴，トライア 　ングル，ギロ等）

ねらい

○音色，リズム，旋律や拍と曲想との関わりに気付き，互いの楽器を聴いて，音を合わせて演奏する

○2拍子のリズムや旋律，打楽器の音色に興味・関心をもち，拍にのって合いの手の面白さを感じ取りながら合奏する学習に楽しんで取り組む

　「山のポルカ」はリズム伴奏にのって楽しく演奏できる教材です。まず，鍵盤ハーモニカの交互奏や八分音符を捉えるために，足踏みと手拍子を取り入れた活動をしますが，運指やリズム打ちでつまずくことも考えられます。そんなとき，フレーズの終わりに合いの手の打楽器を入れるパートをつくることで，自分の役割と音色を考えながら合奏に取り組むことができます。

活動内容

⑴曲の感じをつかんで，楽しく歌う

①範唱を聴き，歌詞で歌う（5分）

・2拍子にのって歌う。

・各段の終わりにある四分休符に合いの手を入れて歌う。

例　山のすきなおじさんは（ヘイ！）

　　いつもしゃれた赤いシャツ（イェイ！）　など

②旋律を階名で歌う（7分）

・教室の机，列ごとに最初の4小節を「1のせんりつ」，次の4小節を「2のせんりつ」として役割分担し，交互に歌う。

(2)旋律のまとまりに気付いて，鍵盤ハーモニカで演奏する

①1と2の旋律を分担して演奏する（10分）

・「1のせんりつ」の「ソソミ～」は「ソ」を
　3の指，「2のせんりつ」の「シシラ～」は
　「シ」を3の指から弾き始めるように伝える。

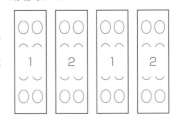

②2つの旋律をつなげて演奏する（10分）

・列ごとに演奏したり，前からペアで演奏したりすることで，一人ひとりを聴き取ることができる。

(3)打楽器の合いの手を入れ，音を合わせて演奏を楽しむ

①歌詞の「ヘイ！」「イェイ！」の部分に打楽器を入れる（10分）

・打楽器を教師が鳴らして，使う楽器を考えるように促す。

・演奏の仕方やリズムを工夫することを伝える。

例　ソソミ　｜ララソ　｜ソソファミ｜ファ　♫（タンブリン）

・いろいろな打楽器の音色や工夫したリズムを試す。

②役割分担をして，互いの音をよく聴きながら合奏する（10分）

・「1のせんりつ」，「2のせんりつ」，打楽器と3つのパートを交代しながら演奏し，無理のないように合奏を楽しむ。

・鍵盤ハーモニカのパートも「1のせんりつ」ができるようになったら「2のせんりつ」も挑戦する，打楽器のパートも旋律のまとまりごとに4人で交代するなど，学級全員で楽しめるようにする。

どんな活動に応用できる？

　　打楽器の音色と演奏の仕方を学び，その音を合いの手として曲の中に入れることで，音にこだわったり，リズムを工夫したりするようになります。また，打楽器の合いの手部分を，身の回りの様々な物や体のいろいろな部分の音で表すなどすると，音楽づくりにもつながっていきます。　　　　　（増田　美香）

6 重なるかねの音「かねがなる」

学習の要となる 音楽を形づくっている要素	■ 教材「かねがなる」 　勝承夫　作詞／フランス民謡 □ 横書きの歌詞カード 　かねの音のカード
旋律　フレーズ 反復　音楽の縦と横との関係	

ねらい

○旋律の反復や重なり，フレーズ，歌詞の表す情景と曲想との関わりに気付き，互いの声や音を聴き合って表現する

○旋律やフレーズの特徴を生かし，反復や音楽の縦と横との関係を活用して表現する学習に楽しく取り組む

　「かねがなる」は，フランス民謡「フレールジャック（Frère Jacques）」の日本語名です。同じ旋律が2回ずつ反復されて覚えやすく，2〜4声のカノンとしても扱うこともできるので，世界中で歌われる民謡に親しみながら活動を通して音楽の仕組みにふれることができます。

活動内容

(1)「かねがなる」を教師の声を聴きながら歌い，旋律を覚える（10分）

①「ゴン　ゴン　ゴーン」を2回教師が歌い，子供が模唱する

・「『ゴン　ゴン　ゴーン』は何の音？」という教師の発問により，鐘の音であることに気付き，どんな鐘なのかを想像しながら歌うようにする。

②教師と一緒に「かねがなる」（ヘ長調）の旋律を柔らかい声で歌う

```
し ず か な|か ね の ね|ま ち の 　|そ ら に 　|
ゆめのよう に|た か く ひく く|ゴンゴンゴーン|ゴンゴンゴーン‖
```

⑵互いの声を聴き合いながら，二声の輪唱をしたり，「かえるのがっしょう」
　と重ねて歌ったりする（10分）

①「かえるのがっしょう」の学習を思い出し，2小節遅れの輪唱をする

| し ず か な | か ね の ね | ま ち の 　 | そ ら に 　 | 〜 |
| ▆　　　　 | 　　　　　 | ▆　　　　 | し ず か な | か ね の ね 〜 |

②「かえるのがっしょう」（ヘ長調）と重ねて歌う

・階名で歌って合わせてもよいだろう。2小節遅れのカノンにして歌っても
　楽しい。

⑶「かねがなる」に合わせて，「鐘の音」の擬音語で声を重ねたり，後奏に即
　興的にファ・ドで「鐘の音」をつくって加えたりする（10分）

①「ゴンゴンゴーン」の旋律を伴奏にして重ねる

| 〜 | ゆめのよう 　に | たかくひく 　く | ゴンゴンゴーン | ゴンゴンゴーン ‖ |
| 〜 | ゴンゴンゴーン | ゴンゴンゴーン | ゴンゴンゴーン | ゴンゴンゴーン ‖ |

②「かねのね」を歌い終わった後に，「鐘の音」が
　響いているように，1人1音の楽器や鉄琴等で
　4拍の旋律を即興的につくり，2回演奏する

ファファファ　ド　ド　ファー

・ペアで「かねのね」や「かえるのがっしょう」
　のリズムを参考につくる。だんだんゆっくりしたり弱くしたりして，表現
　の仕方を工夫するとよい。

どんな活動に応用できる？

　英語圏では「Are You Sleeping?」日本では「グーチョキパーでなにつ
くろう」等の題名でも歌われます。Ⅰ・Ⅴ(7)の和音のみで伴奏できるので，
ハ長調にして簡単な器楽合奏に発展させることもできます。

（石上　則子）

7 音がつながる「かりかりわたれ」

学習の要となる 音楽を形づくっている要素	■ 教材「かりかりわたれ」わらべうた
音色　旋律　音の重なり 反復　呼びかけとこたえ	■ リコーダー　木琴　鉄琴　箏

ねらい

○旋律や音の重なり，その反復や呼びかけとこたえ等と曲想との関わりに気付き，音色に気を付けて演奏したり即興的に旋律をつくったりする

○音色や旋律の重なりを聴き取り，それらの働きが生み出すよさや面白さを感じ取り，どのように演奏したり旋律をつくったりするかについて思いや意図をもつ

　「かりかりわたれ」は，レ・ド・ラの3音でできており，リコーダーの運指に慣れながらその響きを意識し，わらべうたらしい旋律をつくったり重ねたりして演奏するのに適した教材です。

活動内容

(1)「かりかりわたれ」を歌詞唱したり階名唱したりする

①タンギング唱をしたり，階名で歌いながら音を出さず運指（数字は指番号）だけでリコーダーを演奏したりする（10分）

トゥトゥ トゥトゥ トゥトゥトゥ トゥ　　　2 02・02 012・2・2

・タンギング唱は「トゥ」と声に出したり唇に力を入れずに無声音で歌ったりする。運指だけの演奏に慣れてきたら，階名唱はサイレントシンギング（心の中で歌う）にする。

②ペアになり，4小節ずつ交代したり一緒に合わせたりして演奏する（10分）

(2)伴奏の旋律「ラソ｜ラ・」をリコーダーや箏等で加える（10分）

R1

R2

箏
（木・鉄）

七　六　・七　　　七　六　七

・箏の調弦は，七＝ラ，六＝ソとする。また，六＝レとし，七と六を和音にして演奏してもよい。

(3)伴奏の旋律「ラソ｜ラ・」にのって，「レ」「ド」「ラ」を使ってペアで2／4，4小節の旋律をつくり前奏や後奏に加える（10分）

・つくった旋律A →「かりかりわたれ」→旋律Aとつなげて演奏する。

つくった旋律A

伴奏（木・鉄）

（箏）

七　六　　七　　七　六　七

・即興的につくる旋律は，「レ」で終わるようにする。

どんな活動に応用できる？

「こんにちはリコーダー」「リコーのひびきをかんじとろう」等の題材ではすぐに活用できます。また，(2)(3)の活動は，「おはやしのせんりつづくり」にも生かすことができます。

（石上　則子）

我が国や世界の遊びうた、伝統的な音楽で　中学年

8 「ゆかいなまきば」でゆかいな合奏

学習の要となる 音楽を形づくっている要素 音色 旋律 フレーズ	■ 教材「ゆかいなまきば」アメリカ民謡 □ リコーダー 木琴 鍵盤ハーモニカ

ねらい

○リコーダーの音色や響きと演奏の仕方との関わりに気付き，リコーダーの基本的な奏法を身に付けたり音を合わせて演奏したりする

○リコーダーの演奏の仕方に興味・関心をもち，友達と音を合わせて演奏する学習に進んで取り組む

　「ゆかいなまきば」は，ＡＡＢＡの形式で繰り返しの旋律が多く，少しの練習で，全部を通して演奏できるようになります。旋律を呼びかけとこたえに分け，楽器を変えることでリコーダーの導入時期でも子供たちがアレンジした「ゆかいなまきば」を合奏することができます。

活動内容

(1)リコーダーで「シ」「ラ」「ソ」をいろいろなリズムで吹く

①教師が呼びかけを演奏し，好きなリズムで子供がこたえる（5分）

「こたえ」の例

②呼びかけを鍵盤ハーモニカ，こたえをリコーダーとし，ペアで演奏する。
　ペアで役割を交代してどちらもできるようにする（10分）

③他の友達と呼びかけとこたえで楽しむ（10分）

（2）3段目（Bの部分）を「ソ」のみで演奏する

例

①例に示したシンプルな旋律を一度みんなで演奏した後で，リズムの変奏を
　個人や，ペア，またはグループで考える（10分）

・自分で考えたリズムをグループ内で発表し，グループ全員で，模倣演奏を
　する。その際，音色に気を付けて演奏するようにする。

②1，2，4は鍵盤ハーモニカとリコーダーの交互奏，3は①でつくったリ
　ズムの旋律の演奏とし，1〜4を通して演奏する（10分）

（3）木琴で伴奏パートをつくり，合奏をする（10分）

・「ソ」と「レ」だけを使って伴奏をつくり，②と合わせて楽しむ。

伴奏例

どんな活動に応用できる？

　リコーダーを習い始めた3年生。ここでは，「シ」「ラ」「ソ」のみで旋律
あそびをしながら合奏をつくり，その中でタンギングを身に付けるようにも
しました。（2）の「ソ」だけでリズムを工夫する活動は，協働を必要とする場
です。1つの旋律をグループでつくる活動を通して協働し，意見をまとめて
いく方法を身に付けていきます。

（星野　朋昭）

9 速度を変えて「Head, Shoulders, Knees And Toes」

<table>
<tr><td>

学習の要となる
音楽を形づくっている要素

速度　旋律　拍
反復　変化
</td><td>

■　教材「Head, Shoulders, Knees And Toes」作詞・作曲者不明
□　Head Shoulders Knees Toes カード
　　手拍子カード
</td></tr>
</table>

ねらい

○旋律やその反復，速度の変化等と曲想との関わりに気付き，英語の発音等に気を付けて範唱を聴いたり声を合わせたりして歌う
○英語の遊びうたに親しみながら，友達と仲良く体を動かしたり歌ったりする活動に進んで取り組む

　「Head, Shoulders, Knees And Toes」は，拍にのって体の一部を触ったり指さしたりしながら歌い，英語で楽しく遊ぶことができる曲です。また，だんだん速く歌うことで，さらに楽しく繰り返し歌うことができ，曲に親しみながら速度が変化する面白さを感じ取ることができます。

活動内容

⑴歌詞に合わせて，頭，肩，踵，つま先等の自分の体を触ったり指さしたりしながら歌う（10分）
①教師のまねをして，歌詞が表す体の部分を触ったり指さしたりしながら，最初のゆっくりの部分の範唱を聴く
②範唱と一緒に体を触ったり指さしたりしながらゆっくり歌う
③だんだん速くしていき，自分の体に触ったり指さしたりして繰り返し歌う
・慣れてきたら，教師の代わりに日直の子供が前に出て見本になる。
⑵体の部分の一つを歌う代わりに手拍子を打って楽しむ（5分）

・頭，肩，踵，つま先のうちの一つを歌ったり触ったりせず，その代わりに手拍子を打つ。

・今日は Head，明日は Shoulders というように変えながら歌う。

例　♪ Head Shoulders ✋ and Toes ✋ and Toes～

Head

Shoulders

Knees

Toes

① Head，Shoulders，Knees，Toes の４つのグループに分け，担当する歌詞のところで体を触りながら歌う（7分）

・"Eyes and Ears and Mouth and Nose" の部分は全員で歌う。

Head

Shoulders

Knees

Toes

・声に出して歌わない部分も，心の中で歌うなどして拍を感じ取るよう促す。

②４人組をつくって円になり，Head，Shoulders，Knees，Toes を１人ずつ担当して，体を触ったり指さしたりしながら歌う（10分）

どんな活動に応用できる？

「遊び歌めぐり」や「音楽で心をつなげよう」等の題材に活用できます。英語の歌は，英語の自然なリズムやイントネーションを感じ取るうえで有効なので，外国語活動にも取り入れたいものです。

（関　智子）

10 「いろんな木の実」でのりのりリズム

学習の要となる 音楽を形づくっている要素	■ 教材「いろんな木の実」 中山知子　日本語詞 ／ 西インド諸島民謡
音色　リズム　音の重なり　拍 反復	□ ギロ　マラカス　クラベス　カウベル　アゴゴ ベル　ウッドブロック　コンガ　ボンゴ等

ねらい

○拍子やリズム等と曲想との関わりに気付き，声を合わせてのびのびと歌う
○反復や変化等の音楽の仕組みを用いてリズムアンサンブルをつくる

　「いろんな木の実」は，「クラーベ」のリズムが使われるキューバ系の音楽として有名です。拍にのりながら曲に合うリズムを即興的につくって演奏することができる，子供が大好きな教材です。ここでは，リズミックなラテンの音楽に親しみながら，ラテン打楽器でリズムをつくって楽しみます。

活動内容

⑴拍にのって「いろんな木の実」を歌ったり演奏したりする

①拍にのって，のびのびと「いろんな木の実」を歌う（5分）

②打楽器のリズムに合わせて，「いろんな木の実」を歌う（10分）

のリズムを1つずつでもよいし，重ねてもよい。

・互いのリズム表現が見えるように円になって演奏するとよい。

⑵「いろんな木の実」の範奏に合わせて即興的にリズムをつくる

・教師は8種類ほどの打楽器を各列の前に並べておく。

① CD 範奏に合わせて，1人8拍分（4拍×2小節）のリズムを即興的に
　つくって演奏し，8小節（1人8拍分を4回繰り返す）で交代する（10分）
・交代の合図は教師がタンブリンを振るなどし，友達のリズムをよく聴きな
　がら演奏するように助言する。

例　演奏する子供　　○　　　○　　　○　　　○　　　○　　　○　　　○　　　○

　　　　　　　　　　コンガ　アゴゴ　マラカス　クラベス　ボンゴ　ウッド　ギロ　カウベル
　　　　　　　　　　　　　　　　　　　　　　　　　　　　ブロック

順番待ち子供　　●　　　●　　　●　　　●　　　●　　　●　　　●　　　●

②上手な友達の演奏を参考に，自分のリズムを工夫して演奏する（10分）
(3)(2)でつくったリズムをつなげたり重ねたりして演奏する（10分）
・4人組でリズムをつなげたり重ねたりして（4拍×2小節を8回程度の）
　音楽をつくる。

	1回	2回	3回	4回	5回	6回	7回	8回
クラベス	○				○	○		全員4拍休む
マラカス		○			○	○		→全員で
コンガ			○		○		○	
アゴゴベル				○	○		○	

※「必ずソロがあるようにする」と強弱の変化がつきやすい。
※つなげ方や重ね方の例を教室内に掲示しておくとよい。
　・つなぐ　・だんだん増やす　・だんだん減らす　・間をあける
　・全員同時　・追いかける　・呼びかけとこたえ　など

どんな活動に応用できる？

　この教材は，「いろいろなリズムを感じ取ろう」の学習で活用されますが，
西インド諸島の民謡であることから，ラテン系のリズムにはどんなリズムが
あるか等を探求する総合的な学習の時間と連携することができます。また，
本事例のように即興的にリズムをつくる活動は，サンバ等の様々なリズムに
のって行うことができます。

（脇田　秀男）

11 古いが新しい!?「こきりこぶし」

**学習の要となる
音楽を形づくっている要素**

音色　リズム　旋律　フレーズ

■ 教材「こきりこぶし」
　富山県民謡
■ 鍵盤打楽器（木琴）　木の打楽器（こきりこ等）
　金の打楽器（かね等）　皮の打楽器（ハンドド
　ラム等）

ねらい

○楽器の音色やリズム，旋律，拍を聴き取り，それらの働きが生み出すよさ
　や面白さを感じ取り，思いや意図をもって表現する

○民謡の特徴を捉えた表現に興味・関心をもち，友達と協働して表現を工夫
　する学習に進んで取り組む

　富山県五箇山地方に伝わる「こきりこぶし」は日本で一番古い民謡です。
五音音階による旋律は地声で歌われ，伴奏は単純なリズムで独特な楽器を組
み合わせて演奏されます。ここでは，「こぶし」「ゆれ」の独特な歌い回しを
工夫したり，「こきりこ」「ささら（びんざさら）」等に代わる木製の打楽器
でリズム伴奏を重ねたりして，簡単な器楽表現を楽しみます。

活動内容

⑴「こきりこぶし」の雰囲気や曲の特徴を感じ取り，歌い方や楽器の音色，
　リズム等を模倣して表現する

①歌詞の様子や意味について知る（7分）

②音を伸ばして歌う部分や息つぎの部分等，地声で歌われている歌い方の特
　徴を知り，「こぶし」「ゆれ」「合いの手」の歌い回しに気付く（5分）

例　こ〜き〜りこ〜の〜〜た〜け〜は〜　し〜ち〜すん〜ご〜ぶ〜じゃ

③主旋律を「こぶし」「ゆれ」「合いの手」を模倣しながら歌う（5分）

④主旋律に副次的な旋律「デデレコデン」の囃子ことばを重ねて歌う（5分）

(2)「こきりこ」の主旋律に，副次的な旋律やリズム伴奏を工夫して重ねて合奏する

①「こきりこ」「ささら」のリズムを模倣したり，4分の4拍子に合ったリズム伴奏を打楽器でつくったりして重ねる（10分）

②「デデレコデン」の副次的な旋律のオスティナート伴奏を，リコーダーや旋律打楽器で表して重ねる（7分）

②ソソソファソ・を反復する。

③オスティナート伴奏のリズムを変えたり，2つの旋律を重ねたりする

（7分）

③リズムを変化したり，ソファソにレドレを重ねたりする。

④「合いの手」を入れたり，終わり方を工夫したりする（10分）

④ドレを4拍目に入れる。終わる感じになるように，最後のリズムを工夫する。

どんな活動に応用できる？

　「こぶし」「ゆれ」等に着目して曲に合った歌い方を工夫する活動は，中学校での歌唱の知識「声の音色や響き及び言葉の特性と曲種に応じた発声との関わり」につながっていきます。また，日本の地域に伝わる独特な楽器を模倣して表現することは，古くから伝わる日本の音楽のよさや面白さを感じ取り，次の世代へつなげていく大切な学びです。

（藤井小百合）

我が国や世界の遊びうた、伝統的な音楽で　中学年

⑫ 「Sing a Rainbow」で色イロな歌い方

学習の要となる
音楽を形づくっている要素

音色　旋律　和音の響き　フレーズ

■ 教材「Sing a Rainbow」
　アーサー・ハミルトン　作詞・作曲
□ 赤・黄・ピンク・緑・紫・オレンジ・青等の色
　カード（色画用紙等）
　トーンチャイム

ねらい

○旋律や和音の響きと曲想との関わりを理解し，互いの歌声や伴奏を聴いて，
　声を合わせて歌う

○英語の歌に親しみ，様々な国の音楽に興味・関心を広げる

　「Sing a Rainbow」は，色の名前が歌詞になっている英語の歌です。子
供たちにとって身近な色の名前を手がかりにすることで，英語の歌に無理な
く親しむことができます。

活動内容

⑴ 英語の歌詞に興味をもち，発音に気を付けて歌う

① 範唱を聴いて，歌詞の中から色を聴き取る（7分）

T　今日は歌詞の中にたくさんの色が出てくる歌を歌います。

T　どんな色が出てくるかな？　歌詞をよく聴いてみましょう。

・8小節目まで範唱を聴く。聴き取った色を発表し，教師は色カードを貼る。

・リズムボックスのビートにのって色の言葉で遊ぶ。

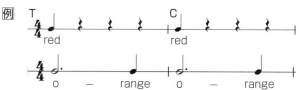

・リズムを変えたり言葉を反復させたりし，即興的なリズムあそびもできる。

②歌詞や旋律の音の動きを確認しながら歌う（5分）

・色カードや楽譜を見ながら，教師の範唱に続けたり，範唱CDに合わせたりして歌う。

③いろいろな歌い方を楽しむ（10分）

・「red and」「yellow and」…というように，2拍ずつリレー唱をする。5小節目からはみんなで一緒に歌う。

・全体を2つに分けて交互に歌ったり，列や班ごとで順番に歌ったりするなど，いろいろな形で交互唱を楽しむとよい。

・自分の好きな色を選び，その色のときに立って歌う。

⑵和音の響きを味わいながら歌う

①トーンチャイムの和音の響きを味わう（7分）

・あらかじめ，ヘ長調のⅠ（ファラド），Ⅳ（♭シレファ），Ⅴ（ドミソ）の和音の構成音のトーンチャイムに和音別のシールを貼っておく。

②教師が楽譜に示した和音記号を見ながら，8小節目まで代表の子供がトーンチャイムで和音を演奏し，クラス全体でその響きを味わう（10分）

・9小節目以降は和音が複雑になるので実態に応じて取り組む。

③和音の響きを味わいながら，声を合わせて歌う（10分）

・トーンチャイムのやわらかな響きを聴きながら，声を合わせて歌う。

どんな活動に応用できる？

　英語の歌に親しむことは，英語の学習にも効果的です。色を表す英語を外国語の時間に学習し，音楽科でこの歌を歌い，帰りの会では歌詞の色を変えて楽しむなど，子供の1日の学びを関連付けることもできます。また，和音の響きを感じる活動は，高学年の合唱などの学習につながっていきます。

（祢津　瑞紀）

⑬ 「ソーラン節」で民謡づくり

学習の要となる 音楽を形づくっている要素	■ 教材「ソーラン節」北海道民謡 □ 民謡音符ボード（歌詞の１語ずつにマグネット をつけたもの）
音色　リズム　旋律　音階　拍 反復　呼びかけとこたえ	

ねらい

○民謡の曲想と音楽の構造との関わり，音階や合いの手，音やフレーズのつ
　なげ方や重ね方の特徴を理解し，設定した条件に基づいて，即興的に音を
　選択したり組み合わせたりして音楽をつくる

○郷土の民謡の音楽の特徴等に興味・関心をもち，音楽活動を楽しみながら
　主体的・協働的に鑑賞や音楽づくりの学習活動に取り組み，様々な郷土の
　民謡に親しむ

　日本の民謡は，労働や作業を活気付けるものや，郷愁による心情や祝い唄
等の，庶民の心情を音楽で表現し，郷土で歌い継がれてきたものが数多くあ
ります。子供の日常の思いを合いの手や手拍子を入れ，音楽によって楽しく
表現する学習に適していると考えられます。

　旋律づくりにおいては，「ソーラン節」を構成するミソラシレの５音の音
階を用いれば，容易に民謡風の旋律をつくることができます。

活動内容

⑴「ソーラン節」に手拍子や合いの手を入れ，のびのびとした声で歌う（５分）

Ｔ　ソーラン節は，みんなで力を合わせて働くときの歌ですね。はりのある
　　声で歌うと元気が出そうだね。

⑵歌詞に合った旋律づくりをする

①旋律づくりのポイントや活動の流れを確かめる（5分）

<ポイント>

1，民踊の音階を用いる（ミソラシレ）

2，言葉の抑揚や雰囲気に合った旋律づくりをする（例：うれしい，かなしい）

3，4小節×1で作成する

②グループで旋律づくりをする（10分）

C1　歌いながらつくろう。

C2　オルガンで音を確かめてみよう。

C3　民謡音符ボードにできた歌を記録しよう。

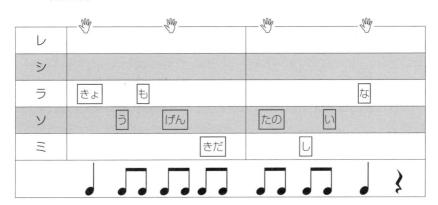

・民謡らしいお腹からひびく声で歌う。

・手拍子や合いの手を入れると楽しい。

③友達の歌を聴き合う（10分）

どんな活動に応用できる？

　民謡の多くは，庶民の日常の生活を歌ったものです。子供にとって身近な事柄を題材として歌詞をつくり，民謡の五音音階を用いて音楽づくりをすると，より身近なものとして民謡に親しむことができます。「南部牛追い歌」のような拍のない民謡にチャレンジするのも楽しいです。

（小川　公子）

14 リズムで，音で In and Out!

学習の要となる 音楽を形づくっている要素 音色　リズム　旋律　音の重なり 反復　呼びかけとこたえ　変化	■　教材「リボンのおどり」 　　芙龍明子　日本語詞 ／ メキシコ民謡 　　原由多加　編曲等 □　拡大楽譜　メトロノーム　PC のシーケンサー 　　機能等

ねらい

○曲想と音楽の構造との関わりについての知識や，音を合わせて演奏する技能を得たり生かしたりして，どのように演奏するかについて思いや意図をもつ

○リズムや旋律の反復や，音の重なり方の変化等に興味・関心をもち，曲全体のまとまりを考えてパートの重ね方を工夫する学習に友達と協力して取り組む

　ここでは，自分や友達がリズムや旋律を反復しながら，それぞれの「自分のアイデア（リズムや旋律等）」を，どのように重ねていくのかを工夫する学習をします。即興的に加わったり脱けたりすることで，音楽全体の響きがどうなっていくのかを考えながら表現をつくり上げていきます。8拍の決められた長さのアイデアを反復し，重ね方を変化することによってつくられる全体の響きは，諸外国の音楽のもつ昂揚感にも通じています。「加わったり脱けたりすることで音楽はどうなったか」の音楽的価値付けに様々な音楽を視野に入れることで，音楽的な見方・考え方が広がります。

活動内容

(1)グループで話し合い役割を考えながら声，ボディパーカッションで「自分のアイデア」をつくる

・声でつくるときは，「ソ・ミ・ドで」など限定するようにする。

・4拍×2（8拍）を正確に模倣できるまで繰り返すとよい。T→C→T→
　Cと続けるようにする。

例　＜旋律の例＞　　　　　　　　　＜リズムの例：ドゥ＝足，ターン＝手＞

ドゥ　ターン ドゥ ドゥ ドゥ ターン　 ドゥ ドゥ　　 ド　 タッ ドゥ　　　ターン

②8〜10人ほどのグループで，主旋律・副次的な旋律・低音・リズム等の役
　割に分かれてつくる（10分）

C　ソーミーソーー　ソミソミソミソーー

C　ミミミミ𝄽　ソソソソ𝄽

C　ドゥンターンドゥンドゥンターン　ドドッドタッドッターン

⑵即興的に In and Out ゲームをする

①拍に合わせて演奏に加わったり脱けたりする（10分）

・輪になって加わる人は一歩前に出る。

・メトロノーム，PC のシーケンサー機能等でリズム
　を反復させ，その拍に合わせて演奏する。

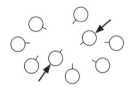

②加わったり脱けたりすることで，音楽はどうなったかを話し合う（5分）

⑶全体の構成を話し合い，グループで練習する。工夫して発表し合う

例

1回目	2	3	4	5	6	7	8	まとめ
	●	●	●	●		●		●
		●	●	●			●	●
			●	●		●		●
				●			●	●
●	●	●	●	●		●		●

・音楽をこうしていこうという意図を演奏に生かせるようにする。

どんな活動に応用できる？

　「リズムアンサンブルをつくろう」の学習にすぐ生かせ，「いろいろな音色
を感じ取ろう」「アンサンブルのみりょく」等の題材で活用できます。

（海老原正剛）

15 つなげて重ねて「アリラン」と「赤とんぼ」

学習の要となる 音楽を形づくっている要素	
旋律　音の重なり　拍	

■ 教材「アリラン」朝鮮半島民謡
「赤とんぼ」
　三木露風　作詞 ／ 山田耕筰　作曲
□ 鍵盤ハーモニカ
　リコーダー

ねらい

○旋律，音の重なり等と曲想の関わりを理解して，響きを感じ取りながら互いの声や音を合わせて表現する

　「アリラン」は，朝鮮半島に生きる人々が大切に歌い継いできた民謡で，各地域にいろいろな「アリラン」が伝わっているようです。その「アリラン」と日本の代表的な歌曲である「赤とんぼ」をパートナーソングとして演奏すると，同じリズムや入れ子式のリズムになる部分があり，2曲を重ねたときに醸し出されるよさや面白さを味わうことができます。

　こうした学習を通して，外国への理解を促したり，異なる旋律を重ねて楽しむ活動にも興味・関心を深めたりしたいと考えています。

活動内容

(1)旋律の特徴を感じ取りながら「アリラン」を演奏する

①「アリラン」をのびのびと歌う（5分）

②「アリラン」の旋律の音の動きを確認し，使われている音を知る（5分）

・教師は，「アリラン」で使われている音を五線に書いておく。ペアで，手やマレット等を使って五線をたどるようにし，旋律の音の動きや使われている音を理解できるようにする。

③「アリラン」を鍵盤ハーモニカで演奏する（10分）

⑵歌詞を理解し，情景を思い浮かべながら「赤とんぼ」を歌う　（10分）

①歌詞を朗読して情景を思い浮かべる

②言葉のリズムや抑揚と結び付いた旋律の音の動きに気を付けて歌う

C1　3番までは「お姉さんとの思い出」みたいな感じがして，4番は竿に
　　　とまっている赤とんぼを見て昔を思い出しているんじゃないかな？

T　　それを表そうと思うと，どんなふうに歌えばよいかな？

C2　最後は寂しさを表すために少しゆっくり歌いたい。など

⑶「アリラン」と「赤とんぼ」を，つなげたり重ねたりして演奏する（10分）

例　1回目「アリラン」
　　2回目「赤とんぼ」（1・2番）
　　3回目「アリラン」＋「赤とんぼ」（3・4番）　2曲を重ねて演奏する。

参考楽譜（5〜8小節…同じリズムや入れ子式のリズムになるところ）

・パートナーソングとして演奏するためには，ヘ長調で行うとよい。

・「アリランと赤とんぼ」（高昌帥　作曲）を鑑賞してもよい。

どんな活動に応用できる？

　高学年でも，パートナーソングを扱うことで，旋律を重ねる器楽合奏や合唱等の活動をスムーズに展開できるようになります。また，「アリラン」で使われている5音（ドレファソラ）を用いて，循環コード（F－Dm－B♭－C7）にのせて即興的に旋律をつくることができます。さらに，そのつくった旋律をつなげたり重ねたりして，まとまりのある音楽にすることで，高学年ならではの音楽づくりへと発展することもできます。

（脇田　秀男）

16 「ロックマイソウル」で それぞれの旋律を感じ合おう

学習の要となる
音楽を形づくっている要素

音色　旋律　強弱
音楽の縦と横との関係

■ 教材「ロックマイソウル」
　　スピリチュアル　峯陽　作詞／星野光　編曲
□ 声をサポートできる楽器（ピアノ等の鍵盤楽器）

ねらい

○旋律の特徴や歌詞の内容と曲想との関わりを理解し，自然で無理のない響きのある歌い方で歌う

　「ロックマイソウル」は元々スピリチュアルなので，和音の響きが美しい曲です。ここでは，斉唱から始め，最終的に3つの声部に分かれて他声部の動きや和音の響きを味わいます。3つの声部に分かれる際も，歌詞・旋律が独立しているためパートナーソングの感じで音の重なりを比較的簡単に理解でき，他声部を意識して合唱する活動の導入としても扱いやすい教材です。

活動内容

(1)「ロックマイソウル」の旋律の特徴を理解して歌う（10分）

①教師がピアノを弾き，3つの旋律の中でどの旋律かを当てる

T　今から先生が旋律を弾くね。どの段の旋律を弾いているか考えてみてね。

・ピアノでなくても，教師は母音唱等で旋律を示してもよいが，歌詞ではなく，旋律に着目できるようにすることが重要である。

C　んーーー。どの段だろう。先生，もう一回！

T　もう一回って思えるのは，一生懸命聴いて考えている証だね。

・子供の聴こうとする態度を重視し，何度も聴きたくなるように工夫する。

T　さあ，何段目だと思う？

C　3段目の旋律だ！　理由は，音が少ない。伸ばしていた。

T　しっかり3段目の特徴がわかっているね。

・伸ばす音やそれによる音符の少なさ等がポイント。このように，他の旋律
　も当てるようにする。

例　1段目→動きのある旋律の中で休符が入ってくる。この曲の最高音が使
　　　　　われている。など

　　2段目→手拍子まで休符がない。動きのある旋律の中で低い音が出てく
　　　　　る。歌詞を当てはめてみてぴったり合う。など

②3つの旋律をつなげて歌う

T　高い音，低い音，伸ばす音，休符をしっかり生かして歌ってみようね。
　　伸ばした後の休符とかは結構難しいね。よしやってみよう。

⑵「ロックマイソウル」を3つの旋律を重ねて歌う（10分）

①高音の音を使って，声の色を知る

T　1段目の一番高い音はどこだろう？（子供が答える）

T　その部分だけ歌ってみよう。せーの。

・高い音域でしゃべり声とは違う声を体感し「歌声」というカテゴリーがあ
　ることを伝えるとよい。「低い音でもしゃべり声とは違う声で歌える？」
　といった声かけもして，様々な音域で声のコントロールができる技能を習
　得させる。

②「自然で無理のない声＝歌声」で旋律を重ねて歌う

・響きのある声で歌うからこそ味わえる世界を体感できるようにする。

どんな活動に応用できる？

　響きのある歌い方で歌い，旋律の特徴を実感できるようになると，子供自
身が様々な歌をどんどん歌いたくなってきます。「歌声を響かせて心をつな
げよう」等の題材に加えて，音色や旋律の特徴等を要にする題材の導入でも
活用できます。

（岩井　智宏）

17 おはなになって「ひらいたひらいた」

<table>
<tr><td>学習の要となる
音楽を形づくっている要素

旋律　強弱　拍</td><td>■ 教材「ひらいたひらいた」わらべうた
☐ 縦書きの拡大歌詞</td></tr>
</table>

ねらい

○曲想と拍，旋律，強弱等の音楽の構造との関わり，曲想と歌詞の表す情景や気持ちとの関わりに気付き，範唱を聴いて歌う

○友達と一緒に歌ったり，わらべうたに合わせて体を動かしたりすることに興味をもち，音楽活動を楽しみながら，主体的・協働的に取り組み，わらべうたに親しむ

　わらべうたあそびをしながら歌う過程で，花がだんだん開いたりつぼんだりする様子を歌唱表現につなげ，我が国の伝統的な遊びうたに親しむことができる教材です。

活動内容

あそび方例	一人で手あそび	数人で輪あそび
ひらいた　ひらいた	両手でつぼみをつくり，だんだん開く。	手をつなぎ，拍にのって右回りに歩く。
なんの　はなが　ひらいた れんげの　はなが　ひらいた ひらいたと　おもったら	「なーんの」右に，「はーなが」左にのように，拍にのって開いた花をゆらす。	
いつのまにか	ゆらすのをとめる。	輪の中心に向かって歩く。
つぼんだ	両手をつぼみに戻す。	小さい輪になってしゃがむ。

⑴「ひらいたひらいた」のあそびを知る

①縦書きの拡大歌詞を見ながら範唱を聴く（3分）

・鼻濁音には小さな「ん」を書き入れたり，伸ばす音には「―」で示したりして，視覚的な援助をする。

②フレーズごとの範唱を聴いて，模唱する（5分）

③1グループが，実際に動きながら教師の補助のもとで動き，クラス全員が遊び方を知る（5分）

・遊びの経験がある子供がいれば，全員の前で遊び方を説明する場を設定する。その際に，教科書と違う遊び方であっても，「わらべうたは，地域によって，歌い方や遊び方が違う場合もある」ことを伝えて，子供の遊び方を生かす。

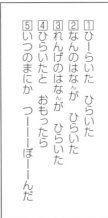

縦書きの拡大歌詞

① ひーらいた　ひらいた
② なんのはなが　ひらいた
③ れんげのはなが　ひらいた
④ ひらいたと　おもったら
⑤ いつのまにか　つーぼーんだ

④クラス全員で大きな輪をつくり，拍に合わせて動きながら歌う（10分）

・右回りに動くなど，言葉と動きで確かめてから遊ぶようにする。

⑵花の様子を思い浮かべ，歌詞の内容に合う動きや強弱等を工夫する

①グループで「いつのまにかつぼんだ」の部分の歌い方や動き方を工夫する（7分）

例　「輪をだんだん小さくしながら，弱く歌う」「歌の最後は，じっとして動かず，音をとめる」「だんだん遅くしながら，弱く歌う」など。

・「輪の大きさが小さくなるところは，花はどうなるかな？」と問いかけ，曲想と歌詞の表す情景や気持ちとの関わりに気付くようにする。

・動きや強弱について，子供の思いをグループやクラス全員で試す場を設定する。

②自分たちで工夫した表現を取り入れて，遊びながら歌う（7分）

どんな活動に応用できる？

　本活動をきっかけに，他のわらべうたの遊び方を工夫するなど，生活の中にわらべうたあそびが広がることでしょう。

（西沢　久実）

18 「かたつむり」であそぼう

学習の要となる 音楽を形づくっている要素	■ 教材「かたつむり」文部省唱歌 □ 拡大歌詞　リズム譜　タンブリン
リズム　旋律　拍 反復	

ねらい

○曲想と歌詞の表す情景や気持ち，旋律や拍等の音楽の構造との関わりに気付き，範唱を聴いて歌ったり音を合わせて表現したりする

○拍や，旋律のもつリズム等の働きが生み出すよさや面白さを感じ取り，どのように歌うかについて思いをもつ

　「かたつむり」は，保育園や幼稚園で親しんできた曲の1つであり，生活の中で身近な生き物を素材とした子供が大好きな歌唱共通教材です。歌詞の言葉が反復する面白さや，音のない拍を表現する楽しさを感じ取り，様々な活動を展開することができる教材でもあります。

　ここでは，拍を感じ取り，音楽に合わせて体を動かしたり歌に合うリズムを楽器で打ったりして音を合わせて表現する楽しさを味わいます。

活動内容

(1)体の動きを伴って「かたつむり」を歌詞唱する（5分）

> ♪でんでんむしむし　かたつむり
>
> 　おまえのあたまは　どこにある
>
> 　つのだせやりだせ　あたまだせ

・かたつむりのつのが出る動き等，子供の発想を生かして動きを工夫する。

⑵拍を感じて歌うことを楽しみながら，表現の仕方を考える

①拍打ちをしながら範唱を聴く（10分）

・○…拍打ち，●…お休みとする。

　　　　でんでん｜むしむし｜かたつむ｜り　・　｜

例1　○　○　｜○　○　｜○　○　｜○　○　｜

例2　○　●　｜○　●　｜○　●　｜○　●　｜

・慣れてきたら，○と●の組合せに変化をつける。

例3　●　○　｜●　○　｜●　○　｜○　●　｜

②体の動きを伴って歌ったり楽器の音を加えたりして，拍を感じて歌う楽しさを感じ取る（10分）

例　・ペアで拍打ちをしながら歌う。

　　・サイレントシンギング（心の中で歌う）と拍打ちを合わせる。

　　・拍打ちをタンブリン等の楽器で演奏し，歌と合わせる。

③ペアで歌，体の動き，拍打ちやリズム等を，どのように組み合わせて表現するかを考えて楽しむ（10分）

例　１人が⑴で行った体の動きを加え，もう１人が自分で考えたリズムを打つようにし，２人で合わせて歌う。

どんな活動に応用できる？

　子供は無意識に拍やリズムを感じ取っています。それを意識付ける低学年の学習では，歌声や音楽をよく聴いて，音のある拍「○たん」と音のない拍「●うん」両方を大切にすることが重要です。

　ここでのあそびは，ポルカのリズムを感じ取って合奏したり，リズムあそびをしたりするなど，拍を感じ取って表現する面白さを見いだす活動に生きてきます。経験したことを活用して，拍にのって音楽を楽しむ姿を引き出していきたいものです。

（熊倉佐和子）

19 「うみ」で３拍子のお手合わせ

学習の要となる 音楽を形づくっている要素	■ 教材「うみ」文部省唱歌 林柳波　作詞／井上武士　作曲 □ 世界地図
リズム　旋律　拍	

ねらい

○歌詞の表す様子と曲想との関わりに気付いて，のびのびとした声で歌う

○３拍子の拍のまとまりを感じ取りながら，歌に合わせて手合わせあそびを楽しむ

　「うみ」は，低学年で扱う歌唱共通教材の中で，唯一の３拍子の曲です。一方，青々と大きく広がる海の情景を思い浮かべやすい曲でもあります。ここでは，情景を思い浮かべながらゆったり歌ったり，手合わせあそびをしながら３拍子にたっぷりと浸ったりして楽しみます。「うみ」を歌いながら，何度も手合わせあそびをするうちに，自然と歌を覚えていきます。

活動内容

⑴情景を思い浮かべながら，のびのびと歌う

①範唱に合わせて，自分の声や発音に気を付けながら歌う（5分）

②３番の歌詞「よそのくに」の部分で，自分の行きたいところを想像しながら歌う（7分）

C1　私は，フランスへ行ってみたいわ。

C2　僕は，オーストラリアだな！

・「行ってみたいな」→Ⓐ「フランスへ」→全「行ってみたいな」→Ⓑ「オーストラリア」→…など，リレー唱しても楽しい。

・世界地図で場所を確認するのもよい。

⑵歌に合わせて，手合わせをする

①1人で　　　　　　　　　膝→手→手…（くり返し）　　　（5分）

②ペアで（向かい合って）　膝→手→両手合わせ（上）…　　（5分）

③4人で，ペアの人が交差するように向かい合う（7分）

　Ⓐペアは，膝→手→両手合わせ（上）…

　Ⓑペアは，手→両手合わせ（上）→膝…

　手がぶつからないように，最後までできるようにする。

④6人で，③と同様に向かい合って手合わせをする（7分）

　Ⓐペアは，膝→手→両手合わせ（上）…

　Ⓑペアは，手→両手合わせ（上）→膝…

　Ⓒペアは，両手合わせ（上）→膝→手…

どんな活動に応用できる？

　中・高学年でも3拍子の曲であれば，そのまま活用することができます。「うみ」では，ゆっくりした速度にすると，手の動きが波のように見えます。速度を速くすると，ドキドキ感が増します。最後まで手合わせができ，歌い終わったときの達成感はひとしおです。

　また，「うみ」は3拍を1つとする3拍子を感じ取りながら，横ゆれの動き「うみ型」で歌うこともおすすめです。鑑賞曲「おどるこねこ」の学習において，「うみ型」の3拍子として，大きく横ゆれの身体表現をしながら鑑賞することに応用できます。

（江口　陽子）

20 「ひのまる」はドレミ Love

<table>
<tr><td>学習の要となる
音楽を形づくっている要素

音色　旋律　フレーズ</td><td>■ 教材「ひのまる」文部省唱歌
　高野辰之　作詞 ／ 岡野貞一　作曲
□ 様々な国旗（万国旗等でよい）
　ドレミマグネット
　1人1音の楽器（ミュージックベル等）</td></tr>
</table>

ねらい

○旋律，歌詞の表す情景や気持ちと曲想との関わりに気付き，のびのびとした声で歌う

○範唱や範奏を聴いて，階名で模唱や暗唱をしたり楽器で演奏したりする

　「ひのまる」の旋律は，四分音符の単純なリズムでできています。そのうえ，同じ音が2音ずつ続き上行する音の動きから始まるので，1年生が声の出し方や音の高さを意識して歌ったり，ドレミを覚えて楽器で演奏したりしながら階名に親しんでいくには，とてもよい教材です。日本の国旗を大切にする思いとともに，ドレミで遊ぶ教材として活用したいものです。

活動内容

⑴「ひのまる」をのびのびとていねいに歌う（10分）

①範唱を聴いて，日本の国旗について歌っている歌であることを知る

T　オリンピック・パラリンピックなどのスポーツ大会，お正月や祭日の日に門に掲げているおうちもあるかな？　学校の運動会でも揚げています。

C　入学式でも学校の門のところにあったよ！

T　そう，「ひのまる」は日本の国旗だからですね。世界の国は，それぞれの国旗を持っています。（万国旗を見せる）どの国旗も大事したいですね。今日は，日本の国旗の歌を歌いましょう。

②範唱に合わせ，気持ちを込めて歌う

・1音1音の発音に気を付けながら，歌詞で歌う。

・「ああ」がどんな「ああ」なのかを話し合い，自分の思いを込めて歌う。

「いいなあ！ きれいだな！」「はっきりとした赤い○だ！」など。

(2)ドレミで「ひのまる」の旋律を歌う（10分）

①教師は黒板に音の高さがわかるようにドレミマグネットを貼り，子供たち
はそれを指で差しながらドレミで歌う

②代表の子供が黒板の前に出てマグネットを指さしながら，1人またはペア
で歌う。他の子供は心の中でドレミで歌うようにする

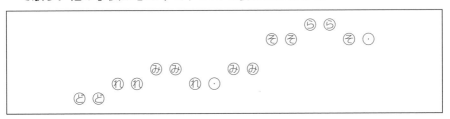

・既製のマグネットにドレミを書き，「ドレミマグネット」として常備して
おくといろいろな場面で活用できる。

(3)1人1音の楽器を交代で持ち，マグネットを見ながら演奏する（10分）

・ミュージックベル，トーンチャイム等を使って「ひのまる」を演奏する。
5音のみを使用するので，今日は1班，明日は2班と，交代で行う。4人
の場合は1人2音担当する。

・どは床に座る，れは座って腕を上に伸ばすなど，音の高さがわかる立ち位
置を子供たちが考えるように促す。

・1人1音の楽器がない場合は，鍵盤ハーモニカでそれぞれの音を分担する。

どんな活動に応用できる？

低学年でドレミに慣れ親しんでおくことは，中学年以降の学習を充実させ
る原動力になります。「どれみとなかよくなろう」の題材ではもちろん，
様々な題材でドレミに意識が向く活動を取り入れたいものです。（石上 則子）

魅力ある歌唱共通教材で 低学年

21 呼びかけあそび「かくれんぼ」

学習の要となる 音楽を形づくっている要素 リズム　旋律　強弱 呼びかけとこたえ	■ 教材「かくれんぼ」文部省唱歌 　林柳波　作詞／下総皖一　作曲 □ 歌詞カード（縦書き） 　拡大楽譜（AとB）

ねらい

○リズムと曲想との関わりに気付いて，声を合わせて歌う

○旋律や歌詞の表す情景と曲想との関わりを生かして，強弱を工夫して歌う

　「かくれんぼ」は，かくれんぼあそびをするときの様子を，わらべうたの音階を使って表現しています。♫のリズムが多用され，鬼と隠れ役の会話が呼びかけとこたえになっているため，リズムにのり強弱を工夫して歌うのに適した教材です。子供たちが様子を想像しながら友達と楽しく声を合わせて歌うことのできる曲です。

活動内容

⑴「かくれんぼ」をリズムにのって楽しく歌う（10分）

①範唱を聴いて，かくれんぼあそびについての歌であることを知り，歌う

②♫と♩の違いを感じ取って歌う

T　AとBはどう違うかな（オルガン等で旋律を弾きながら範唱）？

A

| かく | れんぼ | する | もの | よっ | とい | で | | じゃん | けん | ぽんよ | あい | こで | しょ | |

B

| かく | れんぼ | する | もの | よっ | とい | で | | じゃん | けん | ぽんよ | あい | こで | しょ | |

T　両方のリズムで歌ってみましょう。

C　Aの方が楽しいね。

T　（教科書でAであることを確認させ）Aのリズムで歌いましょう。

③ペアで拍打ちをして歌ったり，拍打ちをしながら歩いて歌ったりする

⑵**グループで強弱を工夫して歌う**

①歌う形態をグループで工夫する（10分）

T　どこをだれが歌うかを，グループで相談して歌いましょう。

・グループごとに歌詞が書いてある学習カードを配り，工夫することやその
　理由を書くように助言する。

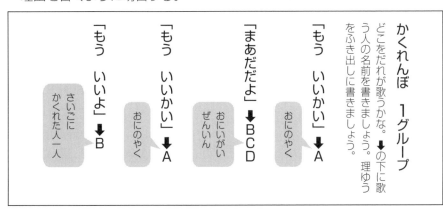

②体の動き等も加えて，グループ発表をする。「♪かくれんぼするもの〜〜
　あいこでしょ♪」は，聴いている子供たちも参加する（10分）

・各グループの強弱の工夫を板書し，確認できるようにする。

どんな活動に応用できる？

　リズムの面白さを感じ取って歌ったり，グループで歌い方を工夫したりす
る活動は，低学年でもここで示したような音楽あそびを通して行うことがで
きます。形態を工夫して歌う活動は，中・高学年の歌唱表現の工夫をする題
材につながっていきます。

（中川　法子）

22 「春がきた」で歌あそび

**学習の要となる
音楽を形づくっている要素**

音色　旋律　フレーズ
反復　呼びかけとこたえ

■　教材「春がきた」文部省唱歌
　　高野辰之　作詞 ／ 岡野貞一　作曲
□　春の情景画
　　縦書きの歌詞
　　拡大楽譜

ねらい

○旋律や歌詞の表す情景や気持ちと曲想との関わりに気付き，明るく生き生きと声を合わせて歌う

○曲想に合う歌い方に興味・関心をもち，友達と仲良く歌う学習に楽しく取り組む

　「春がきた」は，大きく2つのフレーズで構成された一部形式の曲です。これらのフレーズは，リズムは同じですが，旋律の動き方が少し違います。ここでは，歌詞との関連から前半4小節は呼びかけ，後半4小節はそれにこたえるといった感じをつかんで歌ったり，ストーリー性を生かし，体の動きや役割を決めて歌あそびをしたりする活動を楽しみます。

活動内容

⑴「春がきた」を明るくのびのびと歌う（10分）

①範唱を聴いて曲の情景について思い浮かべる（春の情景画を見せる）

②範唱に合わせ，歌詞や旋律を確かめながらのびのびとした声で歌う

・歌詞（特に子音）を丁寧に歌う。

C　「はるがきた」の「は」をはっきりと歌わないと「春」に聞こえないね。
　　でも，春だから「は」は，やさしく歌おう。

⑵歌詞や旋律について，子供の気付きをもとに歌あそびをする

①前半のフレーズ（はるがきた～）のＡグループと，後半のフレーズ（やまにきた～）のＢグループに分かれて歌う（10分）

＜歌詞についての気付き＞（縦書き楽譜を掲示）

C　前半のフレーズは，「どこにきた」と聞いている感じだね。

C　後半のフレーズは，そのこたえじゃないかな。

・音高を意識したり，情景を表したりする振りを付けて歌うと，より楽しく豊かな表現を工夫することができる。

はるがきた　　　　　はるがきた　　　　　どこにきた

やまにきた　　　　　さとにきた　　　　　のにもきた

②さらに後半のグループを「やま」から入るＢグループ・「さと」から入るＣグループ・「の」から入るＤグループに分けて歌う（10分）

C　（拡大楽譜を見て）山→里→野と音が高くなっているよ。

C　春がいろんなところへだんだん広がっていく感じだね。

・役割を交代して歌うとよい。

どんな活動に応用できる？

　低学年では，歌詞に着目し，ストーリー性を生かして歌あそびをする活動は，曲想に合った歌い方を工夫するうえで効果的です。こうした経験が，「歌詞の内容と曲想との関わりについて気付き，理解する」中・高学年の学習に生きていきます。

（小川　公子）

23 「虫のこえ」ってどんな声？

<table>
<tr>
<td>
学習の要となる
音楽を形づくっている要素

音色　旋律
呼びかけとこたえ
</td>
<td>
■ 教材「虫のこえ」文部省唱歌
□ 自然の虫の声の音源 CD 等
</td>
</tr>
</table>

ねらい

○曲想と旋律，歌詞の表す情景や気持ちとの関わりに気付き，歌詞の擬声語を生かした表現で歌う

○声の出し方や表現の仕方を工夫して虫の鳴き声を声で表す

　「虫のこえ」では，擬声語の歌い方や声の出し方を工夫したり，呼びかけとこたえを意識した交互唱をしたりして楽しむことができます。また，秋の夜，草むらで美しい声で鳴いている虫がいることに関心をもち，自然の中の音や身の回りの音を聴くことに興味をもつきっかけとします。

活動内容

⑴擬声語に興味・関心をもって「虫のこえ」を歌う（10分）

・写真と擬声語を関連させ，それぞれの虫がどんな声で鳴くのかを知る。

・範唱を聴いて曲の感じをつかみ，言葉の響きの面白さを生かして歌う。

・Ａ，Ｂ２つのグループに分かれ，前半の「あれまつむしがないている」と「チンチロチンチロチンチロリン」を交互唱しながら歌う。

⑵情景や気持ちを想像して歌声や発音に気を付けて歌う（10分）

・歌詞を音読し，情景や気持ちを想像しながら歌声や発音に気を付けて歌う。

・前半「あれまつむしが～」と後半の「あきのよながを～」の曲想の違いに気付き，歌い方を工夫する。

T （歌詞を音読して）前半は，みんなと虫たちがお話ししているみたいにグループで交互に歌ったね。後半はどんなふうに歌ったらいいかな？

C ゆったりとした気持ちで歌うといいと思うな。

C いろいろな虫の声があって面白いなぁという気持ちで歌うといい。

C 「ああおもしろい」って言っているね。

C 虫の声がバラバラに聴こえたり，重なったりするところも面白いよね。

T 「ああおもしろい」に気持ちを込めて，歌声や発音に気を付けて歌いましょう。

・情景や気持ちを想像しながら，前半はAとBで交互唱，後半は全員で歌う。

(3)自然の虫の声の音を聴き，鳴き声を声で表現する（10分）

・CD等で自然の虫の声を聴き，声の出し方や言い方を工夫して表現する。

①自分の考えた虫の声をペアでつないだり，交互に模倣したりする

（歯の間から息を出す） ジーーージーーージーーー	リイリイリイリイリイリイリイ （音の高さを下げていく）	チ　チ　チ　チチチチ… （だんだん速くする）

②教師が指揮で円を1周かく間に自分の考えた虫の声を表現する

チンチロリン

ジーーー　ジーーー

リイリイリイリイリイリイリイ

チ　チ　チチチチチチチチ…

教師は，腕を時計の針のように回す。

どんな活動に応用できる？

　日本人は，「枕草子」の時代から，自然の音に関心が高いことで知られています。長唄にも「虫の声」を謡った曲があります。生活や社会の中の音や音楽との関わりを重視するこれからの音楽科では，「虫の声」は身の回りの音に関心をもつという視点でとても重要な教材となり得ます。　　（半野田　恵）

24 「夕やけこやけ」で 拍やフレーズを感じよう

<table>
<tr><td>学習の要となる
音楽を形づくっている要素

旋律　拍　フレーズ</td><td>■ 教材「夕やけこやけ」文部省唱歌
　中村雨紅　作詞 ／ 草川信　作曲
□ 夕やけ色の布（ペアで１枚のハンカチ程度の大
　きさの，オレンジ，赤，ピンク等の布）</td></tr>
</table>

ねらい

○歌詞の表す情景と曲想との関わりに気付き，拍にのりフレーズを感じて歌う

　「夕やけこやけ」は，４分の２拍子で♪のリズムを基にし，４つのフレーズからできています。３つ目のフレーズでは，曲の山を迎えます。ここでは，始めは拍を感じて歌い，その後，４小節を１つのまとまりとして歌うことによって，フレーズを意識します。さらに，夕やけの様子を思い出し，夕やけ色の布でフレーズを表す活動を行い，歌の雰囲気を感じ取るようにします。音の上がり下がりにも着目し，全体の旋律の音の動きを感じ取ります。

活動内容

(1)「夕やけこやけ」を歌詞の表す情景を想像して歌う（10分）

①範唱を聴いたり，歌詞を音読したりして歌詞が表す情景を想像して歌う

T　どんな色の夕やけを見たことがあるかな？

C　オレンジ色。赤。

T　そうですね。１番はそんな夕やけが空を染める頃にみんなが帰っていく情景，２番は子供たちが帰った後に月や星が昇り夜が始まる頃の情景が歌われています（写真や映像などを見せる）。

②１番２番の内容の違いを感じて，歌詞で歌う

⑵ 1人またはペアで拍を感じて歌う

①楽譜の音符を押さえながら歌い，音がだんだん高くなって「おててつないで」が曲の山になっていることを意識して歌う（5分）

②歌いながら，各自が1拍目を膝，2拍目は手を打つ（5分）

③友達と向かい合い，1拍目を自分の手，2拍目を友達の手と合わせるようにする。ペアや3人になって行うとよい（7分）

⑶ 夕やけ色の布を使って，フレーズを感じて歌う

・教師は，ペアに1枚の夕やけ色の布を配る。

①ペアで1人の子供が布を持ち，フレーズを意識して歌いながら4小節間で弧を描くようにして相手に渡す（5分）

②1つ目のフレーズは低めに，2つ目のフレーズで高くしていくなど，音の高さに合わせて，手の高さを変えて布を渡す（5分）

③学級全体をA（②の活動を行う），B（Aの活動を見て聴く）に分け，互いの表現を見たり聴いたりする（7分）

・表現を見合い，布が夕やけのような雰囲気を出しているのを実感する。

どんな活動に応用できる？

　低学年で拍やフレーズ，音の高さを意識して歌うことは，歌唱の学習の基盤となります。本事例のように，音楽を形づくっている要素を要にした活動は，すべての領域分野の学習に生きて働く重要な内容です。　　　（中山　純子）

25 どんな「うさぎ」にしようかな？

学習の要となる 音楽を形づくっている要素 音色　旋律　フレーズ 呼びかけとこたえ	■　教材「うさぎ」日本古謡 □　鍵盤打楽器（木琴，グロッケン等） 　　小物打楽器（クラベス，ウッドブロック，鈴）

ねらい

○旋律やその呼びかけやこたえ，歌詞の内容と曲想との関わりに気付き，の
　びのびと歌ったり，合いの手のリズムを即興的につくったりする
○歌唱や音楽づくりの知識や技能を生かしながら，曲想に合う歌い方や合い
　の手のリズムを工夫し，どのように表現するかについて思いや意図をもつ
　「うさぎ」はレミファラシドが使われ，日本の伝統的な音階でつくられた
古謡です。ここでは，その音階から音を選び，「合いの手」を入れてうさぎ
の様子を音で表します。旋律の８分音符と終わりの部分に合う音を工夫して
入れ，フレーズや曲の終わりを感じて表現する活動を楽しみます。

活動内容

⑴「うさぎ」の曲想にふさわしい歌い方の工夫を考えて表現する
①歌詞の様子や音程を確かめながら歌う（5分）
②短いフレーズの呼びかけと長いフレーズのこたえの旋律を，歌詞の様子
　と結び付けながら歌う（7分）
⑵旋律の休符の部分に合いの手の音を入れて，表現を工夫する
①木琴で「シ」「レ」「ミ」から音を選び，リズムを工夫して入れる（10分）
Ｔ　「うさぎうさぎ」のフレーズの２小節目や「なにみてはねる」のフレー
　　ズの４小節目に，８分休符がありますね。

T　この部分に「シ」「レ」「ミ」から音を選んで，合いの手を入れます。

うさぎ　うさぎ　　なに みて　は ねる

T　うさぎの様子を想像しながら，リズムを工夫して木琴で表しましょう。

C　ぴょんって，はねる感じに弾ませます。

例

C　「レ」「ミ」を使います。

C　2つの音を重ねてもいいね。

②終わりの部分のリズムを工夫して表す（10分）

T　どんな終わり方がいいですか？

C　ぴょんぴょんはねて行ってしまうように，だんだん弱くします。

例

じゅう ごや　おつき さま　みて　はー　ねー　るー

C　ゆっくりと消えるようにしたいな。

C　はねるようにして弱くしていこうかな。

③「うさぎ」の曲のよさを感じながら歌い，楽器で合いの手を入れながら，日本の古謡を楽しむ（10分）

どんな活動に応用できる？

　4年の「さくらさくら」を学習する際に箏を使用し，平調子の四弦を「レ」に変えて「うさぎ」の旋律を聴かせ，それぞれの曲の似ているところやそのよさに気付かせることができます。日本の伝統的な古謡を曲想に合うように歌い方を工夫したり，簡単な器楽表現やリズムをつくって合わせたりしながら，日本の音楽のよさを受け継いでいきたいものです。　（藤井小百合）

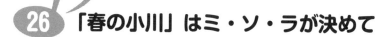

26 「春の小川」はミ・ソ・ラが決めて

**学習の要となる
音楽を形づくっている要素**

旋律　フレーズ
反復　呼びかけとこたえ　変化

■ 教材「春の小川」文部省唱歌
　　髙野辰之　作詞 ／ 岡野貞一　作曲
□ ヒントカード「七音歌詞カード」等
　　鍵盤ハーモニカ　キーボード　木琴　鉄琴　グ
　　ロッケン等

ねらい

○曲想と旋律の音の動きやフレーズの反復・変化，歌詞の内容との関わりを
　生かして，曲想に合った歌い方について思いや意図をもつ

○音のつなげ方の特徴に気付き，ハ長調の５音を使って続く感じや終わる感
　じの短い旋律を即興的につくる

　「春の小川」は，言葉の七音のまとまりがそのまま旋律となった歌です。
また，ハ長調の作品ですが，ほとんどドレミソラの５音しか使われず，しか
も四分音符でつくられています。

　ここでは，言葉の抑揚と旋律との関わりを感じ取って歌うだけでなく，
ミ・ソ・ラ・ソで始まる旋律に続く旋律を「♩♩♩♪」のリズムで即興的につ
くる活動を通して，「春の小川」の旋律の特徴を意識するとともに，旋律を
つくる楽しさを味わいます。

活動内容

⑴範唱を聴き，歌詞の表す情景を知り，曲想をつかむ（５分）

・教科書の挿絵を見て，春の清らかな小川の様子を想像して口ずさむ。

⑵「歌って気付いて思ったことコーナー」あそびをして，歌詞と旋律の音の
　動きを意識して，歌い方を工夫する

①気付いたことや思ったことをグループで話し合う（10分）

・教師は，子供に気付いてほしい点について①〜⑤のヒントを出すとよい。

例　①「七音歌詞カード」　　はるのおがわは　さらさらいくよ

　　②「音符カード」

　　③「旋律線カード」

　　④「使われている音カード」　ド　レ　ミ　ファ　ソ　ラ　シ

　　⑤「旋律のまとまりカード」　つづく感じ　終わる感じ

②気付いたことを確かめながら，旋律の音の動きを意識して歌う（7分）

C　旋律は全部♩だ！　1段目と2・4段目は，4小節目だけ音の動きが違うよ！　3段目は，1小節目から動き方が違うよ！

(3)「春の小川」の1・2・4段目の始めの旋律「ミ・ソ・ラ・ソ」に続く旋律をつくる「旋律あそび」をする（10分）

・ペアで，♩♩♩♪のリズムを使い「続く感じ　ミかソで終わる」または，「終わる感じ　ドで終わる」にして，呼びかけとこたえの旋律を即興的につくり，選んだ楽器（鍵盤ハーモニカ，木琴等）で演奏する。

C1　ミソラソ｜ドレミ・　→C2　ミソラソ｜ミレド・：木琴同士で

・慣れたら4人組でも続けてみると楽しい。

C1　ミソラソ｜ドレミ・　→C2　ミソラソ｜ミレド・　→

C3　ミソラソ｜ミソソ・　→C4　ミソラソ｜ドドド・：木琴と鉄琴で

どんな活動に応用できる？

　「春の小川」の歌詞は，1942年（昭和17年）と1947年（昭和22年）に改変され，現在は後者が歌われています。原詩は，「春の小川はさらさら流る〜」で始まるより文語調の歌詞でした。言葉の七音のまとまりや古典にふれる国語科の学習において，元の歌詞と歌い比べるなどすると，横断的な学習を通して歌詞への思いをより膨らませることができます。

（石上　則子）

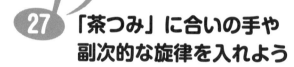

27 「茶つみ」に合いの手や 副次的な旋律を入れよう

学習の要となる 音楽を形づくっている要素 リズム　旋律　拍　フレーズ 反復　変化　音楽の縦と横との関係	■　教材「茶つみ」文部省唱歌 □　締太鼓（小だいこ）　木琴

ねらい

○曲想と歌詞の内容や旋律の特徴，フレーズとの関わりに気付き，自然で無理のない歌い方で歌う

○互いの歌声や楽器の音を聴いて，友達と音を合わせて演奏する

　「茶つみ」は，各フレーズの最初と最後に４分休符がある旋律が特徴的な曲です。これを生かして，昔から手遊びうたとして親しまれてきました。それゆえ，歌いながら拍や旋律のまとまりを感じ取るにはとてもよい教材です。

活動内容

(1)歌詞の内容やフレーズに気を付けて，自然で無理のない歌い方で「茶つみ」を歌う（10分）

①範唱を聴きながら茶つみの様子を写真で見て，曲想を感じ取る

②旋律の特徴に気付き，フレーズに気を付けて歌う

C1　どの段もほとんど同じリズムの旋律だね。

C2　休符♪♪って２つ続くところを心の中で言うと，うまく歌えたよ。

・歌の旋律の♪♪の部分に♪♪のリズムで手拍子を入れたり，締太鼓で♪♪の合いの手リズムを演奏したりし，旋律のまとまりを感じて明るい声で歌う。

(2)拍やフレーズに気を付け，手遊びをしながら歌う（10分）

・ペアになって向かい合い，拍にのって手遊びをしながら歌う。

⑶フレーズを感じ取りながら，歌ったり副次的な旋律や合いの手リズムを演奏したりして，合唱奏を楽しむ

副次的な旋律

①ペアで副次的な旋律を4小節ずつ交互に，旋律の音の動きに合わせて手を上下に動かしながら，自分で決めたラやルのスキャットで歌う（3分）

②拍にのって，副次的な旋律を木琴で交互奏する（10分）

・手遊びのとき，自分の両手を打った拍の部分で木琴を打つよう助言する。

・木琴を演奏していない子供には，スキャットで歌うよう促す。

③歌と副次的な旋律（木琴）と⑴で行った ♫♩ の合いの手リズム（締太鼓）を合わせて演奏し，合唱奏を楽しむ（10分）

・木琴6人（3人ずつ交互奏）と締太鼓2人が楽器を演奏し，他の子供は歌う。今日は1列目，明日は2列目と，交代で行う。

どんな活動に応用できる？

　曲を通して楽器を演奏することが難しいと感じる子供もいます。そんなとき，交互奏は段階的に表現の能力を身に付けていく方法の1つとして有効です。また，交互奏により，フレーズを感覚的に捉えることもできます。ここでの学習は，「拍にのってリズムをかんじとろう」「アンサンブルの楽しさ」等の題材に活用できます。　　　　　　　　　　　　　　　　　　（関　智子）

28 「ふじ山」で富士山を描こう

学習の要となる 音楽を形づくっている要素 旋律　フレーズ	■　教材「ふじ山」文部省唱歌 　　巌谷小波　作詞 □　様々なふじ山の写真 　　旋律の動きを線で描いた拡大歌詞

ねらい

○旋律の音の動きやフレーズ，歌詞の内容と曲想との関わりに気付き，自然
　で無理のない歌い方で歌う

○体の動きを伴いながら旋律の特徴を意識して歌う学習に進んで取り組む

　「ふじ山」は，旋律の音の動きや歌詞の内容から曲の山を感じ取りやすい
曲です。ここでは，実際に体を動かしながら，旋律の音の上がり下がりや，
強弱の変化と歌詞の内容との関わりに気付き，のびのびとした表現につなげ
ていきます。また，音楽に合わせて動く中で，拍にのったり，フレーズのま
とまりを感じ取ったりする活動も行います。

活動内容

(1)**曲想をつかんでのびのびとていねいに歌う**

①**歌詞の表す情景を想像しながら範唱を聴く（10分）**

②**教師の範唱を聴いて歌詞唱する（5分）**

・リズムや発音に気を付けながら，歌詞で歌う。

③**旋律の音の上り下がりや歌詞から曲の山について話し合って歌う（7分）**

・拡大した旋律の音の動きを見ながら手を動かしながら歌う。

C　ふじ山が出てくるところは旋律の音の動きも山になって一番高いところ
　　で登っているよ。

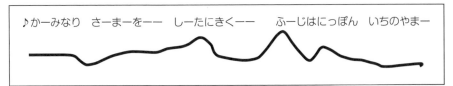

♪かーみなり　さーまーをーー　しーたにきくーー　　ふーじはにっぽん　いちのやまー

⑵フレーズごとに，旋律の音の動きに合う体の動きを付けて歌う

①4つのグループに分かれて1フレーズずつ分担し，それに合う手や体の動きを付ける（7分）

・強弱の変化に合った動きをしている子供や，拍にのって動いたり次のフレーズに渡すように歌ったりしている子供がいたら賞賛する。

・旋律の音の動きや強弱変化等に意識を向ける。

②4つのグループの体の動きをつなげて，1番を歌う（5分）

③担当するフレーズを変え，特に曲の山に向けて，3〜4フレーズの動きや歌い方をそれぞれのグループで考える（7分）

・「ちょっとでもいいので，前のグループと変えたり，お腹を意識したりしよう」など子供たちの様子を見ながら，アドバイスをするとよい。

・各グループが全フレーズを担当できるようにしたい。

④担当を変えたフレーズの体の動きを伴いながら，1番を歌う（10分）

⑶のびやかな歌い方で，1・2番を通して歌う

①半分に分かれて歌ったり聴いたりして，互いのよいところや気付いたことを話し合う（10分）

②学級全員動いて表現したことを頭の中でイメージしながら，自然で無理のない歌い方でのびのびと歌う（5分）

どんな活動に応用できる？

　鑑賞で「かね」や「パパゲーノとパパゲーナの二重唱」のような2つの旋律の重なり合い，呼びかけ合い等を明確にする際に活用できます。また，「せんりつのとくちょうを感じ取ろう」の題材で，弾む感じ，なめらかな感じを感じ取ったり表現したりするときにも応用できます。　　　　　　　（大川　直子）

29 「さくらさくら」和の空間をつくりだそう

学習の要となる 音楽を形づくっている要素 音色　旋律	■ 教材「さくらさくら」日本古謡 □ 箏（箏の糸の横に「一，二，三」と数字がわか 　るようにしておくとよい）　リコーダー　木琴 　鉄琴　トーンチャイム

ねらい

○楽器の音色，旋律，音階等と曲想との関わりに気付き，曲想を感じて歌っ
　たり，音色や響きに気を付けて楽器を演奏したりする

○五音音階から音を選んで即興的に短い旋律をつくり，組み合わせて楽しむ

　「さくらさくら」は，日本の音階でできています。音階に使われているす
べての音ではなく音を限定し，リズムを変化させて和の雰囲気を感じられる
活動をします。他の楽器と合わせられるように箏は次のように調弦します。

活動内容

(1)「ミ・ファ・ラ・シ」を使ってリズムあそびをする

①楽譜のＡ〜Ｄのリズムを確認し，好きなパートを選び，選んだ旋律を繰り
　返し演奏する（10分）

②箏，鉄琴や木琴でＡ〜Ｄを演奏する（10分）

・鉄琴やトーンチャイムは全音符を使
　うなど，楽器の特徴に合ったリズム
　を選べるとよい。

・「ミファラシ」とは逆に，「シラファミ」と演奏するなど変化を加えてもよ
　い。

⑵できた音楽に合わせて「さくらさくら」を歌う（10分）

○４人程度が交代で⑴を演奏し，他の友達は演奏に合わせて歌う

・次のように，Ａから順に４小節遅れで加わるようにするとよい。

A	
B	
C	
D	
歌	♪さくら〜　さくら〜…

・担当した旋律（Ａ〜Ｄ）を楽器ではなく，声を使って表現することができ
　る。その際は，「ちらちら」のような擬態語・擬音語を使うとよい。

どんな活動に応用できる？

　ここでは，「さくらさくら」の醸し出す和の雰囲気を大切にしながら，音
を限定して旋律をつくり，音が重なっても違和感のない響きを楽しみました。

　短い旋律を拡大したり，縮小したりすることや，旋律を逆から演奏する技
法は多くの作曲家が使っています。高学年に向けて鑑賞や音楽づくりの学習
に生かすことができます。

（星野　朋昭）

30 声の強さによって情景が変わる「とんび」

**学習の要となる
音楽を形づくっている要素**

旋律　強弱
反復　呼びかけとこたえ

■　教材「とんび」
　　葛原しげる　作詞／梁田貞　作曲
□　宝（マグネット等の小物）
　　「とんび」の拡大楽譜

ねらい

○曲想と旋律の呼びかけとこたえ，強弱の変化等との関わりについての知識
　や歌唱表現の技能を得たり生かしたりしながら，思いや意図をもって歌詞
　の内容や曲想にふさわしい表現を工夫して歌う

　「とんび」は，旋律の音の動きに着目することで，強弱とその変化を工夫
できます。また，鳴き声を表す部分の旋律は，同じ旋律が繰り返されていま
すが，ここに強弱の変化を付けることで表現が豊かになります。想像した情
景を歌い方の工夫に結び付けるのに適した教材と言えます。

活動内容

⑴ **声の強弱を変化させて，遊んだりゲームをしたりする（10分）**

① **声の強さに気を付けて，やまびこごっこをする**

・ペアになって少し離れて立ち，一方の子供が強めに言った言葉をもう一方
　の子供はやまびこになるよう，弱い声でまねをする。今日は5組のペア，
　明日はまた別の5組のペアというように，交代で行う。

② **声で宝探しゲームをする**

・子供たちは，円になって座る。宝を探す役の子供Aを1人決め，Aは一時
　教室の外に出る。教師は円になって座っている子供の中の1人に，手に握
　って隠せるくらいの大きさの宝（マグネット等）を渡す。

・Aが教室に戻り，円の中を回る。円になって座っている子供たちは「アー」と声を出していて，Aが宝に近づくとだんだん声を強くしていき，宝から離れると声をだんだん弱くしていく。

・Aは，声の強さの変化を頼りに，宝を持っている子供を当てる。

(2) 旋律の音の動きを感じ取り，強弱を工夫して「とんび」を歌う（10分）

① とんびが飛んでいる様子を思い浮かべて歌う

② 1・2・4段目の旋律の音の動きに合う強弱を工夫しながら歌う

・拡大楽譜を見て，旋律の音の動きに合わせて手を動かしながら歌ったり階名唱したりして，旋律の特徴に気付き，それをもとに強弱を工夫する。

C　どの段も音が上がって下がっているので，だんだん強くして，その後，だんだん弱くして歌いたいね。など

(3) 歌詞の内容や旋律の特徴に合う強弱を工夫して「とんび」を歌う

① 歌詞が表すとんびの様子を思い浮かべ，3段目の鳴き声の部分の強弱を4，5人のグループで工夫して歌う（10分）

C　近くで飛んでいるとんびと遠くで飛んでいるとんびがお話している様子を表したいから，強く→弱く→強く→弱く歌いたいな。など

② 想像した情景と工夫した強弱による表現を発表し合い，聴き合ったり全員で歌ったりして，それぞれの表現の工夫のよさを認め合う（10分）

どんな活動に応用できる？

　中学年になると，曲の特徴を意識して聴こうとしたり，感じ取ったことや想像したことを生かして歌おうとしたりする意欲が高まってきます。「せんりつのとくちょうを感じ取ろう」や「曲に合った歌い方」の題材はもちろんのこと，様々な歌唱表現活動に生かせる活動です。

（関　　智子）

魅力ある歌唱共通教材で　中学年

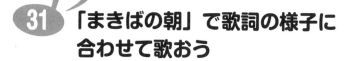

31 「まきばの朝」で歌詞の様子に合わせて歌おう

> **学習の要となる**
> **音楽を形づくっている要素**
>
> 旋律　強弱　フレーズ

> ■　教材「まきばの朝」文部省唱歌
> 　　船橋栄吉　作曲
> □　声をサポートできる楽器や CD
> 　　（ピアノ等の鍵盤楽器）

ねらい

○曲想と歌詞の内容や音楽の構造との関わりに気付き，発音や発声に気を付けて，自然で無理のない声で歌う

○曲想に合った歌い方を工夫し，どのように歌うかについて思いや意図をもつ

　「まきばの朝」は３番まで歌詞をもつ曲で，その情景が時間の流れとともに変化していく様子が描かれています。変化する情景を同じ旋律で歌い分けるとき，どのような音楽的変化を生み出すことができるのかが表現の工夫のポイントです。情景を感じ取ることで，音楽表現が変わってくることを体感し，歌唱で表現することの楽しさを感じてほしいものです。

活動内容

(1)「まきばの朝」の旋律と歌詞の発音に慣れて歌う

①歌詞を付けずに，曲全体を「ru」の発音で歌う（7分）

・教師は旋律を弾いてサポートし，旋律に着目できるように促す。

T　（4小節目で止める）みんな3小節目でどうして音が上がっていくのがわかったの？

C　音符が上がっていっていたから。

・歌詞がないことで音符に目を向けやすくなる。旋律にわかりやすい特徴が

あれば取り出し，どのように音が動いているか確かめながら歌い進める。

②旋律の音の動きに気を付けながら，歌詞唱する（7分）

・歌っている友達の様子を見ながら歌ったり聴いたりする。

T　1人でも歌えそうな人は立とう。

T　（人数が増えてきたら）立っている人は1人，それ以外はみんなでリレーして歌ってみよう。

例　座っている全員→立っているA君→座っている全員→Bさん　など

・着席している子供は1人で歌っている友達の声をしっかり聴く。しっかり聴いたことで旋律や歌詞を理解し，歌えるきっかけになる。聴けたことで変化したことも認めるようにすることが大切である。

・歌詞が多い教材では曲に慣れるために何度も歌うようにしたい。そのために一つクリアしたら次に移るといったように，視覚的にわかるようにすると集中力が持続する。

⑵歌詞が表す情景から表現の仕方を考えながら歌う（10分）

・時間の変化に着目して歌詞を考えるように促す。

T　1〜3番の中で時間って変化しているかな？

C　1番はまだ人が出てきてないから早朝。2番は人が起き出して，3番は日が出てきているし，自然も夢から覚めているから。

T　なるほど！　では，それぞれの様子に合った強弱を考えよう。

T　p，mp，mf，fで1〜3番それぞれに合うと思う強弱を選んでみて。

・強弱によって音楽の雰囲気が変わることを大切にしたい。1番をpで歌うのとfで歌うのでは印象が大きく変わる。いろいろ試して子供たちが表現を楽しむことができるように心がける。

どんな活動に応用できる？

　いろいろな歌い方を試し，歌唱表現を楽しむ活動につなげます。焦点を絞って表現を深めることで表現を豊かにするよさや面白さを味わえます。「曲の気分を味わおう」の題材と絡めて活用していきたい教材です。（岩井　智宏）

魅力ある歌唱共通教材で　中学年

32 「もみじ」音を重ねよう

学習の要となる 音楽を形づくっている要素 旋律　音の重なり　フレーズ	■ 教材「もみじ」文部省唱歌 　高野辰之　作詞 ／ 岡野貞一　作曲 □ 秋の紅葉した山の写真または映像 　紅葉した葉 　オノマトペの紙　拡大楽譜

ねらい

○曲想と旋律や音の重なり，歌詞の内容との関わりに気付き，互いの歌声を聴きながら声を合わせて歌う

○歌詞に表れる言葉やその組合せの特徴に気付き，発音や言葉の抑揚に気を付けて即興的に言葉をつなげたり組み合わせたりする

　「もみじ」は，秋の情景を表現した歌詞と優美な旋律が見事に融合した曲です。旋律が四分音符と八分音符を中心とした同型のリズムで構成されており，音の重なりも輪唱風→和声的→対位的と変化に富んでいて理解しやすいです。ここでは，オノマトペで発音や言葉の抑揚を意識し，秋のイメージを膨らませ，声が重なり合う美しさを感じることで豊かな歌唱表現につなげます。

活動内容

(1)秋を感じながら，言葉の意味や抑揚を考えオノマトペあそびをする (10分)

・「もみじ」から好きな歌詞の言葉
　チームと歌詞から連想した擬音語
　チームに分かれ，2つのグループ
　でオノマトペあそびをする。

・同じ言葉（つた）を繰り返したり，
　声の高さや声の切り方・伸ばし方，

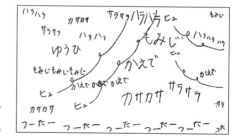

強弱等を変化させたりして，自由な雰囲気で言葉の重なりを楽しむ。

(2)旋律の音の動きを拡大楽譜で確かめながら主旋律を歌う（10分）

・歌詞を一斉に朗読して気付いたことや感じたことを共有し，歌う。

T　歌詞と旋律の音の動きについて，何か気付いたことはありますか？

C　2小節ごとのまとまりになっています。

T　どうしてそう思ったの？

C　主旋律は2小節ごとに最後に四分休符があります。また，言葉の抑揚と旋律の音の動きが合っているように感じます。

T　そうですね。それをフレーズと言います。最初に遊んだオノマトペの発音や言葉の抑揚を大切にし，フレーズを感じながら歌えるといいですね。

・実際に歌って共有したことを確かめることが大切である。

(3)拡大楽譜で確かめながら，主旋律と副次的な旋律を「マ」の発音で歌い，重なり方の違いを感じ取る（10分）

T　旋律の重なり方について，何か気付いたことはありますか？

C　始めの半分は追いかけっこになっている。でも，最後の音は一緒だ。

C　3段目はリズムがまったく一緒！　3つ下の音を平行に進んでいる。

C　4段目はまったく違う旋律が合わさっているよ。

・主旋律と副次的な旋律の音符を違う色の線でつなぐとわかりやすい。

(4)フレーズや声の響きを感じ取りながら二部合唱をする

①楽器（キーボード等）で音の確認をしながらパート練習をする（7分）

②輪唱風の部分，和声的な部分，対位的な部分に分け，それぞれの声の重なりの響きのよさや面白さを感じ取りながら二声に分かれて歌う（10分）

どんな活動に応用できる？

旋律の重なり方は5年の「音の重なりを感じ取ろう」に，言葉を大切にし曲想を味わう学習活動は「曲想の変化を感じ取ろう」や「詩と音楽の関わりを味わおう」につなげることができます。

（叶　こみち）

33 「子もり歌」心地よくウトウトと

<table>
<tr><td>
学習の要となる
音楽を形づくっている要素

旋律　音階　拍
</td><td>
■ 教材「子もり歌」日本古謡
□ トーンチャイム　鉄琴　木琴
　（鉄琴や木琴を使う場合，シールや付箋を用意
　するか，オルフ楽器を使うとよい）
</td></tr>
</table>

ねらい

○旋律や音階等と曲想との関わりを理解して，日本の旋律の特徴に合った歌い方を工夫して歌う

○日本の音楽の特徴を味わい，それを生かした表現をし，日本の様々な音楽への興味・関心を深める

　「子もり歌」は，2種類の旋律が教科書に掲載されています。赤ちゃんを寝かしつけるため，生活の中から生まれた歌だということを感じるために，音楽に合わせて体を動かしながら歌います。その後，構成音の異なる音階の感じの違いを感じ取り，音階を伴奏にして合わせて歌います。

活動内容

⑴「子もり歌」を，体を動かしながらていねいに歌う（10分）

・それぞれの音階でできた旋律を曲の感じをつかむために，体を左右に振ったり，歩きながら歌ったりする。

T　どのような体の動きが曲に合っていますか？

C　赤ちゃんが眠るようなゆっくりとした動きが合っています。

C　だんだん動きを遅くしたら赤ちゃんが眠くなっていく感じがします。

T　速さを変えることで情景が思い浮かびますね。

⑵音階を伴奏にして合わせて歌う

①音階をトーンチャイムで鳴らして感じの違いを確かめる（5分）

T　使われている音を並べました。トーンチャイムで音を出してみましょう。
　　どんな感じがしますか？

C　なんだか明るくて日本の民謡や，演歌みたいな感じがする。

T　こちらはどんな感じがしますか？

C　前と比べるとさらに落ち着いた感じがする。

②次に示したリズムで上の音階を繰り返し演奏して合わせて歌う（10分）

・グループに分かれて音階を選び，伴奏に合わせて歌うようにする。

・トーンチャイムだと1人1音ずつ持って演奏できるので，6人組で演奏し
　ながら歌うことができる。その際，最後をだんだん遅くするのように変化
　を加えても面白い。

・トーンチャイムを使わない場合は，木琴や鉄琴に付箋やシール等で使用す
　る音に印を付けて1人の演奏者に合わせて歌うことができる。

T　赤ちゃんがウトウトできるような優しい音色で演奏したり，歌ったりで
　　きるといいですね。

どんな活動に応用できる？

　　長調短調以外にも多くの音階があります。音階を学習する際，その音階が
どんな感じがするのかを考えることは大切です。その音階らしさを感じ取る
活動は旋律づくりにも生かすことができます。

　　　　　　　　　　　　　　　　　　　　　　　　　　　　（星野　朋昭）

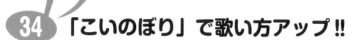

34 「こいのぼり」で歌い方アップ!!

**学習の要となる
音楽を形づくっている要素**

リズム　旋律　フレーズ

■ 教材「こいのぼり」文部省唱歌
□ ホワイトボード（Ａ３）グループに１枚

ねらい

○旋律の特徴や歌詞の内容と曲想との関わりを理解し，範唱を聴いてのびのびと歌う

○旋律の音の動きやリズムに興味・関心をもち，表現の仕方を考えながら歌う学習に主体的に取り組む

　「こいのぼり」は，付点のリズムが多用された，生き生きと跳躍的な前半部分と，ゆるやかな後半部分の二部形式になっており，リズムによる曲想の違いを捉えやすい教材です。歌詞の内容と曲想との関わりを理解し，旋律のもつリズムの特徴を生かしながらのびのびと歌いましょう。

活動内容

(1)「こいのぼり」の歌詞の内容を理解して歌う

①歌詞を見ながら範唱を聴き，歌詞の内容を理解する（10分）

・１～３番の歌詞からグループで１つ選び，グループごとに話し合い，イラストやジェスチャーで伝え，何番の歌詞を表しているのかを当てる。

②範唱に合わせて歌詞の内容を思い浮べながら歌う（７分）

・それぞれのグループが描いた絵等の掲示をもとにそれぞれの歌詞を確認し，様子を思い浮べて歌う。

(2)旋律のリズムや音の動きを捉えて歌う

①範唱に合わせ，リズムに気を付けて歌う（10分）

・旋律のリズムを手拍子で打ちながら歌う。

・拍に合わせて足踏みをしながら旋律のリズムを手拍子で打ちながら歌う。

・ペアになって向かい合い，拍に合わせて足踏みをしながら旋律のリズムを手合わせで打ちながら歌う。

②旋律の音の動きに合わせて手を動かし，前半と後半の曲想の変化に気付いて歌う（10分）

T　　曲の感じが変わったところはどこですか？

C1　最初は生き生きした感じで，真ん中のあたりからゆったりした感じ。

T　　なぜでしょう？

C2　タッカのリズム（付点八分音符）が少なくなったのかな？

・タッカのリズムの部分だけ手をたたき，付点四分音符と付点八分音符の違いを確認し，リズムの特徴を生かして歌う。

(3)曲想の変化を生かし，曲の山を感じて歌う（10分）

T　　一番盛り上がるところはどこですか？

C1　「たーかく」のところ。

T　　どのように歌いたいかグループで話し合いましょう。

C2　「あさかぜにー」で次にいくぞ！と思ってしっかり伸ばして，「たーかく」で一番強くしたい。

・強弱を工夫しながら歌う。

どんな活動に応用できる？

　「こいのぼり」は，旋律のリズムが生み出す躍動感や歌詞の内容等に着目して友達と関わり合い，体の動きを加えながら学ぶことにより，楽しさが増すとともに，旋律の特徴を捉えて歌唱表現を工夫する学習への手がかりとなります。「曲想の変化を感じ取ろう」や「旋律の特徴を生かして表現しよう」等の題材に生かすことができるだけでなく，主体的な取組を生み出し，高学年の歌唱の学習を充実させることにつながります。

（田賀谷美加里）

35 スピード感をもって「スキーの歌」

学習の要となる 音楽を形づくっている要素 リズム　速度　旋律　フレーズ 反復　変化	■ 教材「スキーの歌」文部省唱歌 　林柳波　作詞 ／ 橋本国彦　作曲 □ 拡大楽譜 　情景がわかる写真または映像

ねらい

○曲想とリズムや速度，旋律やフレーズの反復，変化，歌詞の内容との関わりを理解し，範唱を聴いたり楽譜を見たりしながら，響きのある歌い方で歌う

○歌唱表現の知識や技能を得たり生かしたりしながら，表現の仕方を考え，どのように歌うかについて思いや意図をもつ

　「スキーの歌」は，スキーを楽しんだことがあれば歌詞の意味をイメージできる曲です。音楽を形づくっている要素を取り上げやすく，自分たちで歌い方を工夫するにはもってこいです。経験を共有しながら，歌詞のもつ躍動感や高揚感が旋律やその反復，変化，速度，強弱等との関わりによって生み出されていることを理解し，歌い方を工夫して歌う活動を展開します。

活動内容

⑴リズムに着目して，歌詞を音読したり範唱を聴いたりする

①難しい意味を確認しながら歌詞を音読し，意見交流する（8分）

C　始めの「かがやく日のかげ〜」「飛ぶ飛ぶ大空」とか，2回繰り返しているね！　雪山の様子や速く滑っている感じを強調している？

②拡大楽譜を見ながら範唱を聴き，旋律のリズムに着目する（8分）

T　旋律のリズムに注意して，拡大楽譜を見ながら範唱を聴いてください。

C　1段目と2段目はリズムが同じだ！　始めがタッカとはねているね！

③範唱を聴きながら，拡大楽譜を見て旋律のリズムを手拍子で打ったりリズム唱したりする（8分）

| タッカタタタタタタタ | ター―　―タタタ | ター―　―タタタ | ター―― 　　　｜ ～ |

C　1・2・4段目はほとんど同じリズムで，終わりのところが次の始まりだったり，次の段につながったりしているね！

④心の中で歌いながら，旋律のリズムを手拍子で打つ（8分）

T　手拍子が自然と強くなったり弱くなったりしているね。なぜ？

C　歌がそうなっているからだけど，旋律の音の動きにも関係している？

⑵旋律の音の動き，速度や強弱に着目して，歌い方を考えて歌う

①代表者が，範唱を聴きながら拡大楽譜で旋律の音の動きを手で指し示す（5分）

・他の子供は，一緒に手を動かしながら歌を口ずさむ。

C　リズムだけじゃなくて，音の動きもスピード感に関係しているよ！

②速度や強弱の変化を試しながら歌う（10分）

・♩＝116〜126や，より遅く，より速く歌い，曲想に合った速度を試す。

・楽譜に示された強弱記号を手がかりに，強弱の変化を考えて歌う。

⑶1〜3番の中から好きな歌詞を選び，速度や強弱の変化を工夫し，どのように歌うかについて考えながら歌う

①グループごとに，歌詞の内容を生かして歌い方を考えて歌う（8分）

C　僕たちは，3番だからちょっと速く歌いたいな！　そして，最後の「ひちょうの〜」は少し遅くして大空を飛んでいる感じを表したいね！

②グループごとの聴きどころを発表し，全体でリレー唱する（7分）

どんな活動に応用できる？

　本事例のように，歌詞の内容や音楽を形づくっている要素を要に学習を進める活動は，「詩と音楽の関わりを味わおう」「曲想の変化を感じ取ろう」「思いを表現に生かそう」等の題材で活用できます。

　　　　　　　　　　　　　　　　　　　　　　　　　　　（大川　直子）

36 私たちの「冬げしき」を歌おう

学習の要となる 音楽を形づくっている要素 リズム　旋律　強弱　フレーズ 反復　変化

■ 教材「冬げしき」文部省唱歌
□ ワークシート

ねらい

○旋律の反復や変化，歌詞の内容と曲想との関わりについての知識や，響きのある声の出し方の技能を得たり生かしたりしながら，どのように歌うかについて思いや意図をもつ

○曲想に合った歌い方を工夫する学習に，友達と協力して主体的に取り組む

「冬げしき」は，歌詞が文語体で書かれているため，少し難しく感じられるかもしれませんが，語句の意味を確認しながら，歌詞の表す情景を思い浮かべるようにすると，曲想に合う歌い方を考えることができます。

歌詞の表す情景や旋律の変化を生かして，歌い方を工夫する活動をグループで行うことで，主体的・協働的に学習を進めていきます。

♪冬げしき			
	1番	2番	3番
時間			
場所			
音			
色			
様子			

ワークシートの例

活動内容

(1)歌詞の語句の意を確かめ，1〜3番の歌詞の表す情景を理解する

①範唱を聴き，難しい言葉の意味を確認し，歌詞のおよその意味を理解する（10分）

②グループごとに何番の歌詞について考えるかを決め，ワークシートにまとめる（10分）

(2)リズム打ちや旋律の音の動きを手で表すなどして，曲の山を確認する

①リズム打ちをする（5分）

C　1・2・4段目は同じリズムだ。3段目だけ，変化しているね。

②旋律の音の動きに合わせて手を動かす（5分）

C　3段目は音が一番高くなって，盛り上がっている。

T　他のところとリズムが違うだけでなく，音も一番高くなっているんだね。

C　3段目から合唱になっている。曲の山で盛り上げて歌いたい。

(3)グループごとに，曲想に合った歌い方を工夫する

①グループごとに，演奏形態（独唱・斉唱・合唱等）を工夫したり，強弱や速度を工夫したりして歌う（10分）

C　1段目と2段目は独唱にしよう。3段目から全員で合唱にしよう。

C　斉唱でなめらかに歌おう。3段目は，曲の山が響くように歌おう。

T　違うグループの人に聴いてもらうといいですね。

②ペア・グループをつくり，互いの表現を聴き合う（10分）

どんな活動に応用できる？

　グループでどのように表現するかについて考える活動は，歌唱のみならず，器楽でも音楽づくりでも行うことができます。特に高学年では，これまでの音楽経験を生かし，自分たちの思いや意図に合うように表現を工夫する活動を充実させたいものです。「思いを表現に生かそう」「音楽で思いを伝えよう」等の題材で生かすことができます。

（江口　陽子）

37 「越天楽今様」と雅楽「越天楽」

学習の要となる 音楽を形づくっている要素 音色　旋律　音の重なり　音階	■　教材「越天楽今様」 　　慈鎮和尚　作歌　／　日本古謡 　　「平調越天楽」日本古曲 □　画用紙またはホワイトボード　「平調越天楽」 　　演奏の映像　トーンチャイム

ねらい

○音色や旋律，音階と曲想との関わりを理解し，表現したり聴いたりする

○雅楽に親しみ，日本の伝統的な音楽に興味・関心をもち，そのよさや面白
　さ，美しさを感じ取る学習に主体的に取り組む

　「越天楽今様」は，歌唱の学習の他にも鑑賞や器楽と関連付けて楽しむこ
とができます。様々な角度から雅楽の雰囲気を味わい，日本の伝統的な音楽
をより身近に感じられるようにします。

活動内容

⑴「平調越天楽」を聴き，雅楽の響きや音色を味わう

①旋律の特徴を生かして「越天楽今様」を歌う（5分）

②「平調越天楽」に使われている楽器の音色を聴き取る（10分）

T　今日は「越天楽今様」のもととなった「平調越天楽」を聴きます。何種
　　類の楽器が使われているか，数えながら聴いてみましょう。

・楽器の種類を数えながら聴く（すべての楽器が出揃うところまで）。

C　7つかな？　だんだん楽器が増えていったよ。

C　なんだか今まで聴いたことのない響きだったね。

・ペアやグループで一緒にもう一度聴き，聴き取った楽器の音をオノマトペ
　で画用紙等に書き表す。

C　最初は「ピィ〜」っていう音だったね。笛かな。

③演奏の映像を見て，楽器と音色を確認する（5分）

⑵身近な楽器を使って雅楽の響きを味わう

①「越天楽今様」の主旋律をリコーダーで吹く（7分）

・階名唱をしてから，リコーダーで主旋律を吹く。

②音階に気付き，曲想との関わりを考える（5分）

・代表の子供がド〜ミのトーンチャイムを持ち，主旋律を演奏する。

C　あれ？　出番がない人がいたよ！

C　ドとファが出てこないんだね！

・「さくらさくら」「子もり歌」等の既習の日本の伝統的な歌と比べるとわかりやすい。

③「平調越天楽」を聴き，打楽器のリズムをつかむ（10分）

・3人組をつくり，音楽を聴きながら，それぞれの打楽器が鳴るタイミングで打つまねをする。　例　A：楽太鼓　B：鞨鼓　C：鉦鼓

・楽器を交代しながら，タイミングをつかむ。

・音楽室にある楽器の中で代用できるものを考える。

例　楽太鼓：大太鼓，長胴太鼓　鞨鼓：響き線を外した小太鼓，ボンゴ
　　鉦鼓：当たり鉦，カウベル　など

④「越天楽今様」のリコーダーの主旋律に打楽器のリズムを重ねて演奏する（7分）

・その他，笙（アコーディオン等），篳篥（鍵盤ハーモニカ等）のパートを重ねて合奏をしても楽しい。

どんな活動に応用できる？

　「越天楽今様」は，単に歌唱共通教材としてだけでなく，雅楽の響きに親しむ活動と関連付けることによって，「日本や世界の音楽に親しもう」や中学校での鑑賞の学習につながっていきます。また，音階を生かした旋律づくりや箏による伴奏づくり等に発展させることもできます。

（祢津　瑞紀）

38 歌詞を大事に「おぼろ月夜」

学習の要となる 音楽を形づくっている要素 旋律　拍　フレーズ 反復	■ 教材「おぼろ月夜」文部省唱歌 　　高野辰之　作詞 ／ 岡野貞一　作曲 □ 歌詞を文節ごとに書いたカード

ねらい

○歌詞の内容や旋律の特徴と曲想と関わりを理解し，自然で無理のない響きのある歌い方で歌う

○日本の美しい情景を描写した歌詞や旋律のリズムや音の動きと曲想との関わりを生かして，曲のまとまりを考えて歌い方を工夫し，どのように歌うかについて思いや意図をもつ

　「おぼろ月夜」は，日本の田園風景を描き，「夕日の光」「ぼんやりと見える月」等の自然の美しさを歌っています。ここでは，文節と歌詞のまとまりを意識できる歌詞カードを使い，誤った日本語読みにならず，歌詞を大事に歌うようにします。また，交互唱によってフレーズと曲の山を感じ取りながら歌い方を工夫します。歌詞カードは，その貼り方によって強弱やその変化を感じ取ることにも活用できます。

活動内容

(1)曲全体の曲想をつかみ，主旋律を歌う（10分）

①範唱を聴き，曲想を感じ取って主旋律を歌う

・１つの音を歌う間に音の高さが変わる部分をなめらかに歌うようにする。

②旋律のもつリズムのまとまり（♫♪♪♫♫♩…）を感じ取り，意識して歌う

(2)歌詞の内容を理解し，情景を思い浮かべながら歌う

①歌詞のカードを使って，交流しながら理解を深める（10分）

・文節ごとのカードを提示する。

・カードごとに意味を確認したり情景を話し合ったりする。

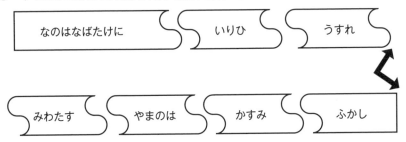

・続く感じと終わる感じを曲線と直線で違いをつける。

②文節ごとのカードをつなげ，情景を思い浮かべながら歌う（7分）

・フレーズごとにグループで交互唱することで旋律が続く感じ，終わる感じ
　の表現を意識させて歌う。

T　1フレーズから2フレーズへ，バトンを渡すようになめらかに歌ってみ
　ましょう。

⑶歌詞や旋律の音の動きとの関わりから強弱を考え，歌い方を工夫する

①歌詞に合う強弱を考えて歌い方を工夫する（10分）

C　「菜の花畑に～」は夕日が沈む感じだからpがいいね。

C　最後のフレーズの「～においあわし」も優しく歌いたいね。

②曲の山や歌詞を意識して，響きのある歌い方で歌う（7分）

・学級で半分ずつ歌い，互いに聴き合ってよかったところを伝え合う。

・全員で曲のよさや美しさを味わいながら歌う。

どんな活動に応用できる？

　6年の1学期に歌詞を大事に歌う本事例の活動は，卒業式の合唱曲まで
「歌詞を大事に歌う」ということにつながっています。また，友達と交流し
ながら歌詞の意味を知ったり，情景を思い浮かべたりして歌うことで，子供
自身で「日本の歌」を自分のものとして捉えることができます。（増田　美香）

39 歌って楽しい「われは海の子」

<table>
<tr><td>学習の要となる
音楽を形づくっている要素

リズム　旋律　フレーズ</td><td>■ 教材「われは海の子」文部省唱歌
□ 歌詞の一部が隠された歌詞カード
　掲示用の楽譜
　（画用紙等を使い，短冊状にする）
　音符やリズムの書かれたカード</td></tr>
</table>

ねらい

○旋律の特徴や歌詞の内容と曲想との関わりを理解し，自然で無理のない響きのある歌い方で歌う

○範唱や範奏を聴いて，歌ったり手拍子でリズムを演奏したりする

　「われは海の子」は，波打つ海の様子を表すかのような旋律の♩♪のリズムや始めの跳躍する音の動きが印象的な曲です。子供たちは，こうした旋律の特徴と曲想との関わりを楽しみながら理解していくことで，気持ちを込めた表現を求めるようになります。ここでは，旋律の特徴とともに歌詞の内容にも目を向けられるように音楽あそびを展開します。

活動内容

(1)旋律の音の動きを確かめながら歌う

①旋律の音の動きをつかみながら，「la」で歌う（7分）

・教師の範唱を聴きながら，1段ずつに切り分けた掲示用の楽譜を見て「la」で歌う。

・2段目→3段目→1段目→4段目のように，原曲とは異なる順番で各段の旋律を提示する。どれが1段目の旋律か予測しながら「la」で歌う。

C　最初の旋律（2段目）は，終わった感じがするから1段目じゃないかも？

②旋律の音の動きを確かめながら，範唱を聴く（5分）

C　2つ目と3つ目の旋律の場所が変わると，低い音から始まって，だんだん高くなっていくつなげ方の繰り返しになるから気持ちよくなるね！

(2)「われは海の子」のリズムを手や膝等を打って演奏する

①黒板に貼られた音符やリズムの書かれたカードを見ながら，どのように体を動かしてリズムを表すか決める（7分）

例
♩	♩. ♪	♩ ♩	♩ ♪
音の長さ分，手をたたいた後回す		膝を打つ 足踏みする	お腹をたたく

②リズムの特徴を確かめながら，体の動きを入れて歌う（5分）

C　♩♪のリズムは，力強い感じがするね！

C　♩♪のリズムの部分は，足踏みじゃなくてお腹をたたこう！　など

(3)「われは海の子」の曲想と歌詞の内容との関わりを理解して歌う

①歌詞の一部が隠された歌詞カードを見ながら，どんな言葉が入るか注意して聴く（5分）

・子供が聞き取りやすく，キーワードとなる言葉がよい。

例　わーれは｜うーみのこ｜しー　らなみ｜のーーー

②大切にしたい言葉が伝わるように意識しながら，ペアを組んで音読を聴き合い，歌詞の内容をつかむ（5分）

③範唱に合わせ，曲想を感じながら，ていねいな発音を意識して歌う（5分）

どんな活動に応用できる？

　歌唱共通教材については，旋律の特徴と曲想との関わりは捉えやすいのですが，歌詞に使われる言葉が文語調で難しいと感じることがあります。しかし，ここで紹介したように，あそびの要素を加えて歌詞の内容を捉えていくことで，親しみをもてるようになります。「詩と音楽の関わりを味わおう」といった題材に応用することができます。

（新妻　知明）

魅力ある歌唱共通教材で　高学年

40 私の「ふるさと」は心の故郷

学習の要となる 音楽を形づくっている要素	■ 教材「ふるさと」文部省唱歌 　　高野辰之　作詞／岡野貞一　作曲 □ 文字の大きさを変えた歌詞カード 　　縦書きの歌詞カード 　　拡大楽譜
旋律　強弱 変化	

ねらい

○曲想と旋律や強弱の変化，歌詞の内容との関わりを理解し，響きのある声
　で歌ったり音楽を味わって聴いたりする

○旋律やその変化を意識し，曲想にふさわしい表現で歌ったり日本の情景を
　表した音楽を聴いたりする学習に主体的に取り組む

　「ふるさと」は，高野辰之と岡野貞一のコンビが生んだ文部省唱歌の中で
も，名曲中の名曲です。子供自身の故郷への思いを大切にしながら，日常的
に歌えるようにしたい曲です。

　ここでは，「ふるさと」のよさや美しさを十分に味わい，日本の情景を歌
った歌を鑑賞することにつなげます。日本の歌に親しむことから発展させ，
「花は咲く」「いのちの歌」等の復興や生命に関わる歌を聴いたり歌ったりし
て，歌が今昔問わず人々の生きる力になることを感じ，日本の名曲を，世代
を越え地域を越えて歌い継いでいってほしいと願っています。

活動内容

(1)「ふるさと」の歌詞の内容を理解しながら，主旋律を歌う（10分）

①縦書きの歌詞カードを見ながら範唱を聴き，歌詞の内容を理解する

・範唱を聴きながら，生活班ごとに1〜3番の歌詞を選択し，各々の歌詞が
　表す故郷への心情について話し合い，発表する。

②範唱に合わせ，歌詞の内容を味わいながら歌う

・各班の発表したことを確認しながら歌い，歌詞が表す情景や心情を理解し，曲想をつかむ。

⑵「ふるさと」の主旋律の音の動きや歌詞の内容と曲想との関わりを理解しながら，曲想に合った歌い方を工夫する（10分）

①文字の大きさを変えた歌詞カードを見ながら歌う

T　　文字の大きさは，何を表していますか？

C 1　強弱？

C 2　旋律の上がり下がり？

T　　楽譜で確かめましょう。

> うさぎ　　おいし　　かのやま
> こぶな　つりし　　かのかわ
> 〜

②拡大楽譜と見比べながら，

　旋律の音の動きや強弱の変化と歌詞の内容との関わりを意識して歌う

C 3　1段目は，音がだんだん上がっていってクレシェンドの記号も付いているね！　だから文字も大きくしているんだね！

C 4　声もだんだん盛り上がるように歌って，「うさぎを追いかけたなあ！」という思い出が込み上がるように歌いたいね！

③各班での話合いをもとに，曲想豊かに声を響かせて歌う

⑶「浜千鳥」（鹿島鳴秋　作詞／弘田龍太郎　作曲）を聴く（5分）

・拍子が「ふるさと」と同じ3拍子であるが，歌詞の内容，旋律の音の動きやリズムの違い，強弱変化の仕方等に着目し，曲想の違いを理解して聴く。

※「夏は来ぬ」（佐佐木信綱　作詞／小山作之助　作曲）や「赤とんぼ」（三木露風　作詞／山田耕筰　作曲）等も，折にふれ聴くようにするとよい。

どんな活動に応用できる？

　「ふるさと」は合唱されることが多い曲ですが，ここでは，主旋律を日常的に歌い，曲のよさや美しさを味わうことに主眼をおきました。そのうえで，授業において合唱を行うと，主旋律を生かした合唱をつくり上げることができます。

（石上　則子）

41 「おさらにだんご」で歌あそび

学習の要となる 音楽を形づくっている要素	■ 教材「おさらにだんご」わらべうた □ 拍を刻める楽器 　手拍子も可
速度　強弱　拍	

ねらい

○言葉のもつリズムや旋律性に興味・関心をもち，友達と仲良く声の出し方を工夫しながら歌う学習に楽しく取り組む

　わらべうたには，音程を意識しない「となえ歌」のようなものがあります。日本語のもつ自然なリズムや旋律的な抑揚を意識化して遊ぶことで，子供が無理なく自分の声の出し方に気を付けて歌う楽しさを見いだしていきます。

　そのような教材性を生かして，少しリズムや旋律的な音の動きを交えて遊んでいきましょう。教材が簡単だからこそ，音楽的要素を入れても子供たちが楽しみながら活動に向かってくれます。

活動内容

(1)「おさらにだんご」で友達と歌あそびをする

①「おさらにだんご」を歌い，歌に合わせてジャンケンを入れる（5分）

C　おさらに　だんごに　はしもってこ　いー

　　（♪♪♪♪　♪♪♪♪　♪♪　♪　♫　♩　𝄼）

T　歌えるようになってきたら「おさら」では手をパー，「だんご」では手をグー，「はし」ではチョキにして歌ってみよう。

C　おさらに（パー）だんごに（グー）はし（チョキ）もってこい

②教師と子供でジャンケンゲームをする（5分）

T　次は「もってこい」の「こい」で先生とジャンケンするよ。

C　おさらに　だんごに　はし　　もってこい

　　（パー）　　（グー）（チョキ）（ジャンケンポン）

T　次は，小さな声（p）でやってみよう。

・小さな声でだけでなく，大きな声（f）で，速く，遅くのように，様々な
　強弱，速度等の音楽を特徴付けている要素を変えて歌うとよい。

③ペアでジャンケンゲームを楽しむ（5分）

T　どんな強さでも速さでもできるようになってきたね。次は，「おさら」
　　のときに友達と手合わせをして，ジャンケンの相手はそのお友達でやっ
　　てみよう。

・ジャンケンの相手が変わるだけで，子供たちは新鮮な気持ちで活動できる。

⑵「おさらにだんご」をチームで歌いながらあそぶ（10分）

①4〜5人のチームに分かれて「おさらにだんご」優勝者を決める

・あいこが続いた場合は「はしもってこい」を決着がつくまで歌い続ける。

②優勝者で，各チーム代表者としてジャンケン大会を行う

T　それぞれのチーム代表者を応援するつもりでみんなで歌おうね。

③優勝者チームが前に出てきてジャンケンを先導する

T　優勝者チームが前に来てみんなとジャンケンね。みんな立って負けたら
　　座っていこう。優勝者チームは4人だから4回ジャンケンで勝ち残った
　　人は優勝だよ。

C　おさらに　だんごに　C1　はしもってこい　C2　はしもってこい

　　　　　　　　　　　　C3　はしもってこい　C4　はしもってこい

・ゲーム性の高いあそびで，声を出せるような雰囲気をつくることが大切。

どんな活動に応用できる？

　「うたっておどってなかよくなろう」「はくをかんじとろう」等の題材につ
なげていくことができます。また，リズムだけを取り出して「はくにのって
リズムを歌おう」等に活用することも可能です。

（岩井　智宏）

42 声でよびかけっこ

学習の要となる 音楽を形づくっている要素	■ 教材「やまびこごっこ」
音色　旋律 呼びかけとこたえ	おうちやすゆき　作詞 ／ 若月明人　作曲 「あの青い空のように」丹羽謙次作詞・作曲 「アイアイ」相田裕美　作詞 ／ 宇野誠一郎 作曲等

ねらい

○声の音色，旋律や歌詞の表す情景と曲想との関わりに気付き，自分の歌声
　や発音に気を付けて歌う

○声の出し方や呼びかけ合いに興味・関心をもち，友達といろいろな声の出
　し方を試しながら歌う学習に楽しく取り組む

　低学年では，１人ずつ声を出して表現することを好む子供が多く，挙手を
して１人で歌うことにも意欲を示します。ここでは，そうした子供の意欲を
持続させ，自分や友達の声のよさに気付いて，のびのびと声で表現できる姿
を目指します。

活動内容

⑴歌詞の表す情景を想像しながら「やまびこごっこ」を歌う（7分）

①範唱を聴いて，「やまびこ」について知っていることを伝え合う

②範唱に合わせて，声かけするグループとやまびこのグループに分かれて歌
　う

⑵「よびかけごっこ」で，声の出し方を工夫して呼びかけ合う

①教師や代表の子供の言葉をまねして，やまびこごっこをする（5分）

T　先生やお友達の言葉や声の感じを，やまびこのようにそっくりまねして
　　こたえましょう。

例　T　お〜い　→　C全　おーい，代表C　わあ〜　→　C全　わあ〜

②教師や代表の子供と「あいさつの言葉でやまびこごっこ」をしたりペアで
　行ったりする（10分）

・「おはよう」等のあいさつの言葉に，簡単な旋律を付けて表現する。

例　T　おはようー（ドレミー）　→　C　おはようー（ドレミー）

・いろいろな声の出し方を考えて，あいさつの言葉で表現する。

例　C1　さ〜〜よ〜〜な・ら・　→　C2　さ〜〜よ〜〜な・ら・

・高さ，強さ，長さ，速さや校長先生，担任の先生，キャラクターの声等の
　具体例を示して変えたり，寂しい，明るい等の表情やはっきり，もやっと
　のように発音の仕方を変えたりして楽しむ。

・様々な工夫をしているペアがいたら，紹介して学級全体で共有する。

・2回ずつやまびこごっこをし合ったら，相手を変えて行う。

③ペアで「あいさつ言葉でよびかけっこ」をする（7分）

・選んだあいさつ言葉ごとにグループをつくり，その中でいろいろな友達と
　ペアになり，「あいさつ言葉でよびかけっこ」をする。

例　C1　こ〜〜〜にちは！　→　C2　こん　こん　こ〜〜〜にちはー
　　C2　こん　こん　こ〜〜〜にちはー　→　C1　こ〜〜〜にちは！
　　と呼びかけ合ったら，相手を変える。

(3)「アイアイ」の声の出し方を工夫して，呼びかけ合いながら楽しく歌う
　（5分）

・「よびかけごっこ」を振り返り，「アイアイ」をどんな声で歌うかを考え，
　代表の子供のまねをして歌う。

例　代表C　私は，優しいけど遠くに聞こえるように歌います。

どんな活動に応用できる？

　よく知っている教材から，「呼びかけごっこ」でいろいろな声の出し方を
試します。「せんりつでよびかけあおう」には，すぐ活用できます。歌唱の
声づくりや声を使う音楽づくりに応用できます。　　　　　　　　（石上　則子）

声や楽器、身の回りの音や音楽で　低学年

43 キラキラ音色を「きらきらぼし」で

<table>
<tr><td>学習の要となる
音楽を形づくっている要素

音色　旋律　強弱
反復</td><td>■　教材「きらきらぼし」
　　武鹿悦子　日本語詞 ／ フランス民謡
□　鍵盤ハーモニカ　鉄琴</td></tr>
</table>

ねらい

○曲名や曲想，旋律との関わりに気付く

○旋律を階名暗唱し，音色に気を付けて鍵盤ハーモニカや鉄琴で演奏する

　原曲はフランス民謡とされていますが，子供たちに親しみのある曲で，「Twinkle Twinkle Little Star」「The ABC Song」等の様々な題名で歌われています。また，鉄琴の楽器の音色は歌詞の表す情景と結び付けやすいので，歌詞から様子を思い浮かべ，音の強弱や響き等の音の出し方の工夫へつなげることができます。

活動内容

⑴旋律を階名唱したり，ドレミ体操で旋律の動きを確かめたりする（10分）

・ドレミ体操（音の高さを体の動きで）をしながら，旋律の動きや音の高さを確認する。

・クラスを2つのグループに分け，2小節ずつ交互に階名唱したり，ドレミ体操をしたりして旋律に親しむ。

・短く切る歌い方（スタッカート）となめらかな歌い方（レガート）で旋律を階名唱し，どちらが「きらきらぼし」の曲想に合うのかを考える。

⑵鍵盤ハーモニカで旋律を演奏する（10分）

・2段目「ソーファーミーレ」の音の下降をドレミ体操で確認する。

・指の位置を確認し，鍵盤ハーモニカで2段目「ソソファファミミレ」を演奏する。

・伴奏に合わせて2段目を演奏する。

⑶**鉄琴で旋律を演奏する（10分）**

・全体で円になり，1人1本マレットを持ち，円の内側を向いて座る。

・マレットを自分の前の床に縦に置く。

・教師の指示するタイミングに合わせて，マレットを持ったり置いたりして持ち方に慣れる（持ったときにマレットを降ったり，掌にトントン当てたりしてマレットの重さや硬さを体感する）。

・5〜6人グループになり，「きらきらぼし」の曲に合わせてマレットリレーをする。

1	2	3	4
持つ		回す	

〜　（2拍で持つー2拍で隣へ回す）

⑷**鉄琴の打つ場所や強さに気を付けて演奏する（10分）**

・音の響きをよく聴きながら演奏する（音が跳んだときに迷わないように，ドソラに目印の付箋を付ける）。

・鉄琴，鍵盤ハーモニカ，歌のパートに分かれて交代しながら演奏する。

どんな活動に応用できる？

　1年生の段階では，両手にマレットを持って演奏することが難しい場合があります。左右どちらか1本のマレットで持ち方や打つ場所を確認し，音の響きをよく聴いて演奏できるようにするとよいでしょう。響きを大切にして演奏することは，器楽合奏ではもちろんのこと，互いの声を聴き合ったり，伴奏を聴いて合わせたりする基本になります。

（半野田　恵）

44 和太鼓のリズム　ドンドコドン

学習の要となる
音楽を形づくっている要素

音色　リズム　フレーズ
反復

■ 教材「まつり太鼓」（自作）
□ リズム譜　宮太鼓２台　手づくり太鼓（段ボールの箱にコルクの板を貼り２ℓの水のペットボトルを入れる）　手づくり撥（ホームセンターにある丸い木材を切る⇒何もない場合，膝打ちで）

ねらい

○和太鼓の音色と奏法の仕方との関わりに気付き，音色に気を付けながら，範奏を聴いたりリズム譜を見たりしてリズム打ちをする

○和太鼓の音色や演奏の仕方に興味・関心をもち，口唱歌で歌いながら太鼓を演奏する学習に楽しく取り組む

　太鼓は，子供たちにとってお祭り等でよく耳にする楽器です。和太鼓を演奏するに当たっては，口唱歌を用いることで効果的に太鼓のリズムに親しむことができます。口唱歌は，リズムと奏法とが兼ね合わされていますので，子供にとって理解しやすく技能も習得しやすい方法であると考えられます。

　ここでは，最初の段階では手や膝を使ったり，手づくり太鼓（段ボール太鼓）を用いたりする活動を紹介しています。段階を追って和太鼓の演奏へと移行します。

活動内容

⑴和太鼓の音色や，リズムのよさや面白さを感じ取る（5分）

・教師がモデル演奏をし，和太鼓の表現について気付いたことを話し合う。

・リズム譜を準備しておくようにする。

C　お祭りで聴いたことがあるよ。お腹に響くような音だね。

C　かっこいいな。僕もたたいてみたいな。

⑵「まつり太鼓」を演奏する

①範唱に合わせ，太鼓のリズムを口唱歌で歌う（5分）

②歌いながら手で膝をたたく（♫「かか」は足の横をたたく）（5分）

③歌いながら，手づくり太鼓をたたく（5分）

A				B			
♩	♫	♫ ♫	♫ ♫	♫ ♫	♩	♩ 𝄽	
どん	どこ	どこ どこ	どん どこ	どん ハッ	どん かか	どん かか	どん どん	どん ヤッ
右	右左	右左 右左	右 右左	右 両手上	右 右左	右 右左	右 左	右 両手上
太鼓		太鼓	太鼓	太鼓 かけ声	太鼓 縁	太鼓 縁	太鼓	太鼓 かけ声

⑶和太鼓でリズムあそびをする（10分）

①手づくり太鼓で2グループに分かれ，AとBを交互に演奏する

②和太鼓で1人ずつ演奏する。リレー形式で演奏する

・他の子供は口唱歌で応援する（待っている子は口唱歌を歌い，膝打ち）。

どんな活動に応用できる？

　子供のアイデアでかけ声を変えるだけでも雰囲気が変わります。元気よくかけ声を入れて，より和太鼓の音色やリズムを楽しむことができます。また，和太鼓の響きのよさを感じながら，音楽づくりに発展させることができます。口唱歌によってリズムや演奏法を表現することができ，協働的な活動を円滑に進めることができると考えられます。

(小川　公子)

声や楽器、身の回りの音や音楽で　低学年

45 なにしてあそぶ？

┌─────────────────────────┐
学習の要となる
音楽を形づくっている要素

リズム　旋律
└─────────────────────────┘

■ 教材「なにしてあそぶ？」（自作）

ねらい

○言葉と旋律やリズムとの関わりに気付き，即興的に音を選んだりつなげたりする

○言葉と旋律やリズムの関わりのよさや面白さに興味・関心をもち，音楽活動を楽しみながら，リズムに親しむ

　「なにしてあそぶ？」は日常生活に関連する教材で，自然に音楽づくりの世界に入ることができます。子供たちは日々のあそびを思い浮かべながら，どんな言葉にどんな旋律やリズムを付けるかを考え，様々な発想を広げていきます。

活動内容

(1)「なにしてあそぶ？」にこたえる，音あそびをする

①音あそびの条件を知る（5分）

・教師が，例題Ａを示す。その際にはオルガン等を使わず，会話に音を付けたような歌い方で始めると，だれもが無理なく歌うことができる。

・音の高低は，地域の抑揚をもとにするとよい。

②**数人が発表する（7分）**

・遊んでいる様子を思い浮かべ，教師の呼びかけに，数人がこたえる。

③**ペアで呼びかけ合う（7分）**

・呼びかけとこたえは，交代して何回か行うようにする。

④**子供たちのこたえをつないでいく（5分）**

例　Ｃ1　すべりだい　→　Ｃ2　おにごっこ　→　Ｃ3　かけっこ…

・友達と同じあそびでも，リズムを変える等の工夫ができることを伝える。

⑵**あそびの様子がよくわかるようなオノマトペを工夫する**

①**音あそびの条件を知る（5分）**

・教師が，Ｂを示す。オノマトペの部分は，わらべうたの音からはみ出したり，自由なリズムを取り入れたりすると，表現の幅が広がる。

Ｂ

②**数人が発表する（7分）**

・あそびの様子を表す言葉を工夫するように助言する。

③**ペアで呼びかけ合う（7分）**

・様子を思い浮かべて体を動かすペアがいれば，学級全員に紹介し，みんなで共有する。

④**子供たちのこたえをつないでいく（7分）**

例　「シュー　すべりだい」「タッタッタッタッ　おにごっこ」「ビューンかけっこ」

どんな活動に応用できる？

　言葉のもつリズムや抑揚を生かすことは，「にほんのうたをたのしもう」で活用できます。また，呼びかけとこたえを要とする「せんりつでよびかけあおう」にも応用できます。

（西沢　久実）

声や楽器、身の回りの音や音楽で　低学年

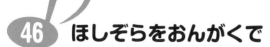

46 ほしぞらをおんがくで

学習の要となる 音楽を形づくっている要素 音色　強弱 反復　呼びかけとこたえ	☐　クレパス 　　星空の映像 　　トライアングル，スレイベル，鉄琴，すず等

ねらい

○楽器の音色の特徴に気付き，１つの楽器からいろいろな音を見つけたり，音楽の仕組みを用いたりして簡単な音楽をつくる

○音色や強弱の変化を聴き取り，それらが生み出すよさや面白さを感じ取りながら場面に合う音楽の表現を工夫し，どのような音楽をつくるかについて思いをもつ

　音楽室を真っ暗にし，プラネタリウムのようにして星空の映像を鑑賞し，「きらきらぼし」を歌ったり，鉄琴で演奏したりしてから本あそびを行うと，星空の雰囲気を心に描きながら，音楽づくりをすることができます。その中で，子供たちが想像した情景やこれまでの経験をもとにストーリーを考え，絵を描き，その絵をもとに鳴らし方や楽器の組合せ，強弱等を工夫し，音楽の仕組みを活用して音楽をつくります。

活動内容

(1)星空の様子を絵に表す（5分）

・3〜4人のグループをつくり，それぞれの表したい星空の様子をクレパスで描く。

・事前に星空の映像を鑑賞し，想像力を膨らませるようにしたい。

C　僕たちは１番星，２番星，３番星と増えていくところにしよう。

C　私たちは流れ星がたくさん流れている様子がいいな。

C　僕たちは空いっぱいにたくさん輝くお星様の様子にしよう！

(2)自分たちで考えた星空に合う楽器を選び，鳴らし方を工夫する

①前に並べた音楽室にある楽器から，音を確かめながら自由に選ぶ（10分）

・事前に，子供が選びそうな楽器を用意しておく。

C　どれにしようかな。どんな音が出るかな。いろいろと試してみよう！

C　バチを替えたり，たたき方を変えたりすると音が変わるね?!

②選んだ楽器でいろいろな音を出し，グループの友達と聴き合う（10分）

・打つ，こする，トレモロ，振る，バチをいろいろと替える，同時にたたく，
強弱，速度等を工夫して音探しをしている子供がいたら活動をやめて，み
んなの前で紹介する。同じ楽器でも音の出し方によって，音色や強弱等が
異なることに気付くように，適宜音を比べるとよい。

**(3)星空の様子を描いた絵を順番に並べて，グループごとにつなげて演奏し，
互いに感想を発表する（10分）**

T　いいなと思ったところはありましたか？

C　だんだんお星様が増えていく感じが出ていた。

C　最後に小さくそっと1つ音を出していたのがお星様が消える感じがした。

C　同時に音が重なってたくさんの星がきらきら輝いている感じがした。

・全グループを1日で発表するのはなく，今日は1と2グループなどと順番
を決めておくと，朝や帰りの会でも，発表会を行うことができる。

どんな活動に応用できる？

　この学習は，中学年以降の音楽づくりを充実させる引き出しを増やすこと
につながります。また，グループで友達と話し合いながら1つの曲をつくり
上げる活動は互いに意見を交わし合い，試行錯誤する学習過程の中で学びが
深まります。さらに，新たな音色，強弱の仕方，音楽の仕組みを見いだし，
音で充分に遊ぶことは中学年以降の器楽，鑑賞の学習にもつながります。

（叶　こみち）

声や楽器、身の回りの音や音楽で　低学年

47 紙の音を楽しもう

学習の要となる 音楽を形づくっている要素 音色　強弱 呼びかけとこたえ	☐　新聞紙（1人につき，見開き1枚程度）

ねらい

○様々な紙の音の特徴を生かして表現の仕方を工夫し，音楽づくりの発想を得る

○紙の音の表現の仕方に興味・関心をもち，友達と仲良く音あそびを楽しむ

　　音は，素材のもつ特徴的な音もあれば，素材の扱い方や演奏の仕方によって変化するものもあります。ここでは，新聞紙から生まれる様々な音に興味・関心をもち，それらの音を選んだりつなげたりして即興的な表現を楽しみながら音楽づくりの発想を得ていきます。

活動内容

⑴新聞紙を使って出せる音を探す（7分）

・新聞紙から出せる音に耳を傾けながら，いろいろな音の出し方を試す。

・1人ずつ，見つけた紙の音をリレーで発表する。

T　いろいろな音がありましたね！　どんな音が聴こえましたか？

C　「バサバサ」と開いて紙を振っていました。

C　「バンッ」と思いきり紙でたたいていました。

T　紙を振ったりたたいたりすると，全然違う面白い音を出すことができますね。

⑵音の出し方を組み合わせて，即興的に表現の仕方を工夫する（10分）

○様々な音の出し方を工夫して，即興的に音を選んで表現する（10分）

・友達の表現を模倣しながら，全員でつなぐ。

例　C1→全→C2→全　…

・様々な音の出し方を組み合わせたり強弱を変えたりする。

例　バサバサバサバサ（振る）　＋　バンッ（たたく）　など

C　他の友達の面白い音をまねして組み合わせてみたよ！

⑶音の出し方を組み合わせて自分の表現をつくり，聴き合ったり呼びかけ合ったりする

①学級全員で円形になり，音が出ないように1枚の紙を回す（7分）

C　思いきり紙を渡すと，大きい音が鳴っちゃう！

C　指でつまんだときにもかすかに音が聴こえたよ！

・小さな音にも注意を傾けて聴こうとする態度も育むことができる。

②ペアを組み，友達と呼びかけ合うように音を出す（5分）

C1　バサッ　バサッ（振る）　＋　グシャグシャグシャ（丸める）

C2　ガサガサガサガサ（指で擦る）　＋　サーッ（優しく振る）

・音の強弱や面白い音の出し方を考え，互いの音をよく聴いているペアには，みんなに伝えるように発表を促すとよい。

どんな活動に応用できる？

　「がっきとなかよくなろう」「いろいろながっきの音をさがそう」等の題材と関連付けて，楽器の音色への興味・関心に広げることができます。また，身の回りのものから生まれる音が音楽になることも学ぶことができ，「みのまわりのおとでよびかけあいましょう」「せいかつの中にある音を楽しもう」の題材にもつながる活動です。

（新妻　知明）

声や楽器、身の回りの音や音楽で　低学年

48 まねっこで鍵盤名人

学習の要となる 音楽を形づくっている要素 音色　旋律　強弱	■ 教材「たのしくふこう」 　鹿谷美緒子　作詞 ／ 作曲 □ 鍵盤ハーモニカ　シンセサイザーまたは繰り返 　しができるビートの音源

ねらい

○鍵盤ハーモニカの音色や響きの特徴に気付き，条件に基づいて即興的に音を選んだり組み合せたりして表現する

○鍵盤ハーモニカの演奏の仕方に興味・関心をもち，互いの音を聴き合いながら，音の特徴を意識して即興的に音や旋律をつくる学習に楽しんで取り組む

　「たのしくふこう」は，鍵盤ハーモニカからいろいろな音を出す活動が取り上げられています。まずは，正しい演奏方法にこだわらずに鍵盤に親しみ，よい音を出すコツを見つけられるようにします。

活動内容

(1)鍵盤ハーモニカを使ってどんな音が出るのか確かめる

①見つけた音を紹介し，音を出して確かめる（5分）

・見つけた音を紹介し，みんなで音を出して確かめる。

・歌の終わりに「高い音」「低い音」「長い音」「短い音」と教師が伝え，音はどの音でもよいので，その条件に合った音を出す。

②「高くて長い音」「低くて短い音」のように条件を2つ増やしたり，「強い」「弱い」をさらに条件に加えたりする（5分）

③どんな音を出すかを決めて，友達とまねっこし合う（7分）

・①②の活動を隣同士やグループで行う。黒い鍵盤や白い鍵盤，音を重ねるといったことを意識しているグループがいたら紹介しまねをする。

(2)教師の示す音で旋律のまねっこをする（10分）

旋律の例　子供の実態に合わせて速度を変えるとよい。

・右の伴奏例に合わせて教師が「ドドド・」「ドレドレド・」と4拍分の旋律を歌い，子供はその旋律を吹く。始めのうちは例に示したような「ド」から始めると取り組みやすい。この活動を繰り返し行うと，教師が階名でなく楽器で演奏しても，音を聴き取って演奏できるようになる。伴奏の例やいろいろなリズムパターンを繰り返しシンセサイザー等で自動演奏することで，拍を感じながら演奏することができる。

(3)つくった旋律をつなげたり，まねをしたりする（10分）

・1人でつくった4拍の旋律をつなげて演奏したり，教師の役割を子供が行い「呼びかけとこたえ」にしたりして，拍に合わせて演奏する。

・このときも，(2)の伴奏例やリズムパターンを伴奏にするとよい。

どんな活動に応用できる？

　鍵盤ハーモニカの魅力を充分に味わい，楽しみながら活動することで意欲的に鍵盤ハーモニカを使った合奏に取り組んだり，指の動きから旋律の音の動きを感じ取ったりすることができるようになります。手の位置を変えることで例えば，「レミファソラ」を使ってドリア音階のような響きを味わいながら旋律づくりをすることもできます。3拍子に変えて演奏してもよいでしょう。

（星野　朋昭）

声や楽器、身の回りの音や音楽で　低学年

49 歌って合わせて楽しもう！

学習の要となる 音楽を形づくっている要素	■ 教材「わらべうた」 □ 木琴　クラベス
音色　旋律 反復　音楽の縦と横との関係	

ねらい

○わらべうたの旋律や声の音色，歌詞の表す気持ちや情景と曲想との関わり
　を理解し，互いの声を聴いて声を合わせて表現する
○歌と動きを合わせたり，歌に合う旋律を重ねて表現したりする学習に興
　味・関心をもち，声を合わせて表現する学習に進んで取り組む

　低学年で親しんだわらべうたを教材にして，互いの声を聴いて声を合わせ
て表現する学習をします。遊びながら声を聴いて合わせて表現する楽しさを
感じることは，その後の二部合唱への興味・関心につながります。

活動内容

(1)**既習のわらべうたを歌って遊ぶ**

①「でんでらりゅう」「なべなべそこぬけ」「えんやらもものき」等を，体を
　動かしながら歌って遊ぶ（10分）

・拍を合わせて歌い遊ぶように，クラベスで拍打ちをする。

②**簡単な二線譜を見て階名で歌って，気付いたことを交流する（10分）**

T　この楽譜は何の曲でしょう？

二線譜の例

・一線譜や二線譜の楽譜を数曲見比べたり，指で音符を指さして階名で歌ったりして，隣の音へ動くことに気付くようにする。

(2)歌詞に使われている言葉や歌詞の内容から，想像した気持ちを表す言葉を使って考えた旋律を合わせて歌う

①わらべうたに使われている言葉や歌詞の内容から，想像した気持ちを取り出して，わらべうたに合わせて表現する（10分）

「えんやらもものき」

4	え	ん	や	ら	も	もの	き	・
	も	もの	き	・	も	もの	き	・

「なべなべそこぬけ」

4	な	べ	な	べ	そ	こぬ	け	・
	グ	ツ	グ	ツ	・	ア	チ	チ

・ボイスリズムのように表現して声を合わせると楽しい。子供の発想を生かして重ねて歌う活動によって，互いの声を自然とよく聴いて歌う姿が見られるようになる。

②わらべうた風の旋律になるように，言葉の抑揚に合わせて音の高さを工夫し，歌って合わせる（10分）

「えんやらもものき」

	○	○	さん	に	あ	げよ	か	・
4	はい	どう	ぞ	・	はい	どう	ぞ	・
				パク！				ペロリ

・教師がわらべうたの構成音でオスティナート伴奏をする。歌に合わせて，桃に見立てたボールを回したり，食べるまねをしたりすることもできる。

どんな活動に応用できる？

　3年生の時期に読譜に親しんだり，自分たちの発想を生かしたりして声を合わせて歌う楽しさに出合うことは，合唱の導入にも音楽づくりにもつながります。

（熊倉佐和子）

50 お返事ゲームで声あそび

学習の要となる 音楽を形づくっている要素 音色 呼びかけとこたえ	■ 教材「わらべうた」 □ 木琴　クラベス

ねらい

○呼吸や発音に気を付けて，自然で無理のない歌い方や様々な声を試す

○様々な声の出し方に興味・関心をもち，表現に合った声の出し方を工夫することへの意欲を高める

　中学年になると自分の声だけでなく友達の声にも関心をもち，響きのある声で歌ってみたいという意欲をもち始めます。反面，歌うことに苦手意識をもち始める子供もいます。本あそびを通して，高い音の出し方や，声帯の使い方，呼吸や息の使い方を自然に身に付けるようにします。

活動内容

(1)輪になり，教師や友達の声をまねして歌ったり，返事をしたりして，様々な音高で声を出して遊ぶ（10分）

①教師が呼びかけた音高と同じ音高で全員がこたえる

②子供1人が呼びかけ，全員がこたえる

```
高    T  みー   さん  C  はー    い
          なー           あー



                       T  みー   さん  C  はー    い
低                         なー           あー
```

③子供1人が隣の子供1人に呼びかけ，1人ずつ順番にこたえていく

C1　○○さん　C2　はーい　C2　○○さん　C3　はーい

⑵歌う声だけでなく，様々な声の出し方に挑戦して，お返事ゲームをする（10分）

・高さを変えたり様々な声で呼びかけたりして遊ぶ。

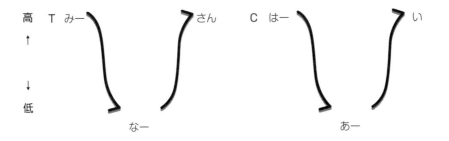

・高い声，幽霊の声，宇宙人みたいな声，しゃがれた声，おばあちゃんみたいな声，おじさんの声，引き笑いの声（息を吸いながら声を出す）等々，子供が楽しみながら様々な声を出せるようにイメージしやすい例を示すとよい。

どんな活動に応用できる？

　様々な声の出し方を体験することで，声帯の使い方に慣れ，自分の声や友達の声の特徴やよさに気付くことができ，「歌って音の高さを感じ取ろう」「歌声のひびきを感じ取ろう」の題材で生かすことができます。高い声が出ることだけが素晴らしいのではなく，低い豊かな声や渋い声も含め，いろいろな声の魅力に気付いてほしいものです。

　そのうえで合唱曲等を歌う声や民謡の声など，曲に応じた歌い方になるように，呼吸や声の響きに留意して歌う活動へつなげたいと考えています。

（田賀谷美加里）

声や楽器、身の回りの音や音楽で　中学年

51 「あそびましょ」でリコーダーで おはなししましょ

学習の要となる 音楽を形づくっている要素 音色　旋律 呼びかけとこたえ	■ 教材「あそびましょ」わらべうた □ ２／４拍子や４／４拍子のリズムカード

ねらい

○範奏を聴いたり，リズム譜を見たりして，リコーダーで演奏する
○リコーダーの音色に気を付けて，シとラで簡単な旋律を演奏する

　「たこたこあがれ」「なべなべそこぬけ」等のわらべうたは，シ・ラ・ソ等の隣り合う音や少ない音でできているので，シ→ラと順に習い始めるリコーダー導入期に適した教材です。「あそびましょ」は，生活の中で子供たちが自然に唱えているわらべうたで，呼びかけとこたえが生かされています。１人で演奏することに加えて，友達と一緒に演奏する楽しさを味わうことができます。

活動内容

⑴シ・ラの２音を使って，リコーダーでまねっこをする（10分）
①教師が吹く４拍の旋律をまねっこする
②１人の子供が吹く４拍の旋律をまねっこする
⑵リズムカードを提示し，そのリズムに合わせて２音でリレー奏をする（10分）
例　♩♩♩♪ →シラシ・ →ララシ・…　♫♩♩♪ →シラシシ・…
　・オルガンのリズム機能を使うなど，拍にのって演奏できるようにする。
⑶わらべうた「あそびましょ」を演奏する

①音色やタンギングに気を付けながら演奏する（5分）

②ペアになって呼びかける人（Aさん）とこたえる人（Bさん）に分かれて演奏する。相手の名前に合わせて，呼びかけるリズムを変えてもよい。呼びかける人とこたえる人を交代して演奏する（5分）

例　みかさん→ ♩♪‖♪♪‖　ひろゆきさん→ ♫♫‖♪♪‖

③違う友達とペアになって，呼びかける人とこたえる人に分かれて演奏する（5分）

・二重の円になって向かい合い，順々に相手を変えるとよい。

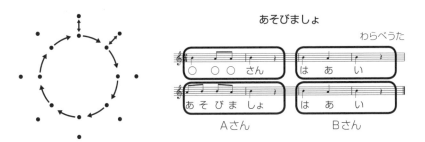

あそびましょ

わらべうた

④4人組になり，Aの呼びかけに対して，BCDがこたえ，最後に全員で「ラソラ・」（あそぼ）で終わるようにする（10分）

A（呼びかけ）－B（こたえる）－A（呼びかけ）－C（こたえる）
－A（呼びかけ）－D（こたえる）－全員で「ラソラ・」

どんな活動に応用できる？

　3年生のリコーダーの導入期で，「シ」「ラ」の2音に限定して行いましたが，使う音を増やすこともできます。子供たちは会話をするように，友達と音でコミュニケーションを図りながら，主体的・対話的に学習を進めることができます。また，「何をする？」「おにごっこ」のように続きの会話を考え，即興的に演奏するなど音楽づくりにも発展することができます。導入期でリコーダーの楽しさを充分に味わい，リコーダーに慣れ親しむようにしたいものです。

（江口　陽子）

52 「陽気な船長」 タンギングアラカルト

学習の要となる音楽を形づくっている要素

音色　旋律　フレーズ　スタッカート

■ 教材「陽気な船長」市川都志春　作曲
□ リコーダー

ねらい

○曲想と音楽の構造との関わりに気付き，曲想に合った表現でリコーダーを演奏する

○旋律の特徴を捉えた表現を工夫し，どのように演奏するかについて思いや意図をもつ

　「陽気な船長」は，前半アの旋律の弾んだ感じと後半イのなめらかな感じという対照的な旋律で構成されているため，比較しながらそれぞれの特徴にふさわしい演奏の仕方を身に付けることができます。

活動内容

(1)「陽気な船長」の旋律の特徴や曲のまとまりを感じ取る（10分）

・旋律の感じが変化したら手を挙げて「陽気な船長」の範奏を聴く。

・アとイの旋律の感じの違いについて気付いたことや感じたことを発表する。

・旋律の感じを生かして階名唱をする。

(2)スタッカートやレガートを意識して模倣し合う（10分）

T　好きな食べ物や得意なことを「ト」に置き換えて言える？

C　えー？　ぼくの　好きな　給食は　　　キムチチャーハン
　　　　→トトト　トトト　トートトト　トトトトートト

T　「シ」の音で吹いてみよう。

C　一つひとつの音がはっきりと聴こえる。短く切れているよ。

T　今度は「ト」を「トゥ」に変えて吹いてみましょう。

C　「トゥ」にしたらなめらかな感じになった。

T　ペアになって「ト」や「トゥ」で他の言葉も試してみよう。

(3)ア の旋律の特徴を生かしてリコーダーで演奏する

①手で音の高さと弾んだ感じの旋律を表現しながら階名唱する（5分）

②スタッカートの意味や演奏の仕方を知り，リコーダーで演奏する（5分）

・ア をレガートやスタッカートで吹いて，友達と聴きながら比べてスタッカートの感じをつかむ。

③クラスを3つに分け，「ド」「シ」「ソ」をそれぞれ分担し，ローテーションして一音演奏ゲームをする（10分）

・指使いやスタッカートに気を付けて ア の旋律を演奏したり聴いたりする。

(4)イ の旋律の特徴を生かしてリコーダーで演奏する

①手で音の高さとなめらかな感じの旋律を表現しながら，階名唱する（5分）

②息の使い方やタンギングの仕方に気を付けて，リコーダーで演奏する（5分）

③2グループが2小節ずつ，呼びかけとこたえで演奏する（5分）

　　A　| シシシド | ラララ・ |　→　B　| ドドドレ | シシシ・ |　…

④フレーズに気を付けて イ の旋律を演奏したり聴いたりする（5分）

どんな活動に応用できる？

　「陽気な船長」の跳躍進行を中心とした弾んだ感じの ア と，順次進行を中心としたなめらかな感じの イ の対比は子供たちにとって明確です。リコーダーでのスタッカート奏法，レガート奏法は，息や舌の使い方に難しいところがありますが，それらを習得することにより，思いや意図を表現するために必要な技能の幅が広がり，器楽合奏で生きてきます。

（半野田　恵）

声や楽器、身の回りの音や音楽で　中学年

53 つつでミュージック

<table>
<tr><td>

**学習の要となる
音楽を形づくっている要素**

音色　音の重なり　拍
反復　呼びかけとこたえ

</td><td>

☐　拡大コピー用紙の芯（異なる長さに切ったもの）
様々な種類の筒（証書入れ，ラップの芯，塩ビパイプ等）
音を鳴らすバチや厚紙等

</td></tr>
</table>

ねらい

○身の回りにある音の素材の響きの特徴に気付き，即興的に音を選んだり，組み合わせたりして表現する

○身の回りのものから生み出される音やその組合せによる響きに興味・関心をもち，即興的に音楽をつくる学習に進んで取り組む

　子供たちの身の回りには，楽器以外にもたくさんの音の素材があります。その中でも筒は，長さによる音の高さの違いを生かして音楽づくりの発想を広げることができます。

活動内容

⑴筒からいろいろな音を探す（10分）

・筒からどのような音が出せるか試す。

C　手で打ってみようかな。

C　厚紙で打つとよく響くよ。

⑵いろいろな音の響きや組合せを楽しむ（10分）

①見つけた音を1人ずつ順に鳴らす

②見つけた音を使って，いろいろな友達と音で会話をする

⑶拍のない音楽を楽しむ（10分）

①１人ずつ順に自由な間で音を鳴らす

T　先生が指を１本出したら１音，２本出したら２音鳴らします。前の人と
　　の間の取り方を工夫してみましょう。

T　また，２音鳴らすときは，トトでもいいし，ゆっくりト，トと鳴らして
　　もいいですよ。

②代表の子供が指揮者になり，指示を出す。全体を２つに分け，２人の指揮
　者のもと，同時にスタートして音の重なりを楽しむ

⑷音をつなげて旋律のようになる面白さを感じ取る

①８人組で高さの違う音を１人１拍ずつ打ち，つなげて旋律のように表現す
　る（10分）

・１～８拍目の中から１拍を分担し，担当
　する拍のときに♩を打ち，繰り返す。

・グループで活動する前に，クラス全体で
　試したり，代表の子供がモデルのリズム
　を表現したりするとよい。

C　４回繰り返したら，違う順番に変えてみようかな？

C　筒が長い順にして，階段を上るようにしてみたいな！

②即興的に打つ順番を変えて，高さが変わり違った旋律のようになる面白さ
　を味わう（５分）

・リズムも四分音符を八分音符や三連符に変えてみてもよい。

どんな活動に応用できる？

　それぞれのリズムをつくってアンサンブルにしたり，インターロッキング
の仕組みに着目して「世界の音楽に親しもう」につなげたりすることもでき
ます。図工の時間に筒を好きな長さに切り，色を塗るなど，教科横断的に取
り組むことも可能です。

（祢津　瑞紀）

声や楽器、身の回りの音や音楽で　中学年

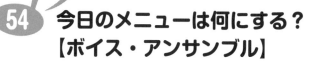

54 今日のメニューは何にする？【ボイス・アンサンブル】

学習の要となる 音楽を形づくっている要素 リズム　速度　強弱 反復　呼びかけとこたえ　変化	☐　リズムカード 　　音符カード（リズム譜等をつくって活用） 　　クラベス・ハンドドラム等（拍を刻むときに使用）

ねらい

○言葉のリズム，反復，呼びかけとこたえ，変化が生み出すよさや面白さを
生かし，リズムのつなげ方や重ね方を工夫して，どのようなリズムアンサ
ンブルをつくるかについて思いや意図をもつ

○言葉のリズムやその組合せに興味・関心をもち，友達とリズムアンサンブ
ルを工夫してつくる学習に協力して取り組む

　拍のあるリズムパターンをつなげたり重ねたりして，グループで声を使っ
たアンサンブルをつくります。テーマに合う言葉のリズムを組み合わせてリ
ズムパターンをつくり，それを反復，変化，重ねたりして短時間で楽しく活
動します。各自の声を生かし，拍に合ったリズムアンサンブルを構成すると
いう一連の活動が，音楽づくりの過程を学ぶことにつながります。

活動内容

(1)言葉のもつリズム，反復や変化が生み出すよさや面白さを感じ取りながら，
どのように拍にのってアンサンブルをつくるのかについて，思いや意図を
もつ

①「今日のメニューは何にする？」テーマを決める（10分）

T　言葉を組み合わせて音楽をつくります。テーマを考えましょう。

C　今日の給食はみそラーメンだから，中華料理がいいです。

T　タンタンメンだとリズムが変わりますね。他のメニューはどうかな？

②4拍に入るように文字数やリズムの異なる言葉から，使う言葉を考える

言葉のリズムの例（4分の4拍子）

③グループに分かれ，4拍の言葉を2つ組み合わせて8拍リズムのパターン
　　になるようにつくる

例1　みそラーメン　みそラーメン

例2　ホイコウロー　ギョーザ

(2)「はじめ」「なか」「おわり」とつなげて，アンサンブルを工夫する

はじめ　一斉に，言葉のリズムを決めて表す。
↓　　　　例「きょうのメニューは　なににする？」

なか　　グループ1→　グループ2→　グループ3→　グループ4…と
　　　　　　グループごとに8拍のリズムパターンを4回ずつ繰り返したら，
↓　　　　　グループ同時に一斉に2回，のように表し方を工夫する。

おわり　一斉に，言葉のリズムを決めてまとめる。
　　　　　　例「なかよくたのしく　いただきます！」など

どんな活動に応用できる？

　ここでは，言葉のもつリズムを生かし，8拍のリズムパターンをリレーの
ようにつなげて構成しました。つなげ方や重ね方を決めたり，速度や強弱の
変化を付けたりして表現の工夫ができます。声の出し方や音の高さを工夫し
たり，ボディパーカッションや打楽器等を使用してアンサンブルしたりして，
協働しながら音楽表現を楽しむ学習に活用できます。

（藤井小百合）

55 リズム　どう重ねる？

学習の要となる 音楽を形づくっている要素
リズム　速度　強弱　音の重なり 反復　音楽の縦と横との関係

■ 教材「楽しいマーチ」長谷部匡俊　作曲 □ 重ね方の例		

ねらい

○リズムパターンの重ね方の特徴に気付き，即興的に反復や音楽の縦と横との関係を用いて音楽をつくる

○リズムパターンの重ね方を即興的に工夫し，音楽づくりの発想を得る

　音楽づくりでは，様々な音楽を形づくっている要素をもとに音楽をつくります。本あそびでは，「楽しいマーチ」で表現されている2パートの手拍子のリズムの重ね方をヒントに，同じリズムでも重なり方の違いや表現の仕方によって生まれるよさや面白さを感じながら，リズムアンサンブルをつくる発想を得ていきます。

活動内容

(1)「楽しいマーチ」を聴き，手拍子の重ね方の特徴に気付く（5分）

・♩♪ ♪♪|♩ ♫♩♪ のリズムが反復されながら，1パートと2パートで1拍ずれて重なっていることに気付き，前半を演奏する。

1パート

2パート

(2) 1パートのリズムを自分たちのアイデアで反復の回数や重ね方を変えて，即興的にリズムアンサンブルをつくる（10分）

C1　私たちは，2組に分かれて1パートを1小節ずらして重ねて，それぞれ2回繰り返そう！

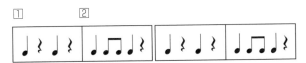

C2　僕たちは，4組に分かれて1パートを1拍ずつずらして2回繰り返そうか？

(3)始めと終わりを決め，自分たちがつくったリズムアンサンブルをつなげ，速度や強弱を工夫してまとめる（10分）

・始めと終わりは♩♪♪♪‖♩♫♪♪のリズムにする。
・速度を♩=80，♩=120のように，メトロノームを使って自分たちのリズムアンサンブルの速さを決める。
・1回目は，強く，2回目は弱くしてだんだん強くするなど，表現の仕方を工夫する。

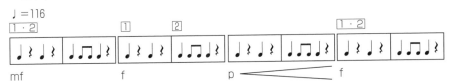

どんな活動に応用できる？

　「リズムアンサンブルをつくろう」の題材に活用できます。中学年のリズムあそびを通して，高学年でのアンサンブルづくりを充実できます。

（石上　則子）

56 「うめとさくら」で声あそび

<table>
<tr><td>学習の要となる
音楽を形づくっている要素

音色　旋律</td><td>■ 教材「うめとさくら」わらべうた
□ 鍵盤楽器（ピアノ，オルガン等）
　　または拍を刻める楽器</td></tr>
</table>

ねらい

○呼吸や発音の仕方に気を付けて自然で無理のない響きのある歌い方で歌う
○自分の声の出し方に興味・関心をもち，声の響きを豊かにする学習に主体的に取り組む

　わらべうたは，音域に無理がなく曲の長さも短いものが多いため子供たちがすぐになじめ，それが教材としての魅力の１つでもあります。だからこそ，「楽しい」だけで終わらないように，何をねらって取り組むかが重要なポイントです。ここでは，曲の短さを生かして何度も歌える工夫をして楽しみながら歌声への意識を高めます。

活動内容

⑴「うめとさくら」で友達とコミュニケーションをする（10分）
①教師の範唱やピアノの旋律等を聴いて歌えるようにする

うめ と さくらを あわせて みれば うめ の ながめは

ピ コシャの シャンシャン うさぎが もちくって ほ い ほい

Ｔ　「うめ」「さくら」の歌詞のときに手拍子をしてみよう。

C　うめ（手拍子）とさくら（手拍子）を…

・体の動きを伴うことで何度も歌える工夫をし，曲に慣れるようにする。

・「あわせて」「ほいほい」にも手拍子等を加えるようにする。

②コミュニケーションをとりながら歌う

T　次は拍に合わせて歩きながら，手拍子を入れた歌詞のときに友達と握手
　　しよう。始めは「うめ」と「さくら」が続くから忙しいよー。

⑵「うめとさくら」の旋律で響きを感じて歌う（10分）

①いろいろな高さで歌ってみる

・開始音をラ→♯ラ→シ→ド…ミくらいまで上げてみる。

②高い音域で4つのグループに分けてずらして歌う

・歌詞で歌ってもよい。始めに歌い出したチームは，Dグループが追いつく
　まで最後の音を伸ばし続けて待つ。

③ずらして入るタイミングを短くしていく

A　うめーと｜さくらと｜　…

　　　　　B　うめーと｜　…

・元々テンポ感がある曲なのでスリルがあってワクワクするとともに，最後
　の音を伸ばすところでは，響きのある声で最後全員が1つになると心地よ
　い達成感を味わうことができる。

どんな活動に応用できる？

　響きのある歌声は，高学年で身に付けたい技能です。普段のあそびの中で
響きのある歌声に慣れ，感覚的につかんでおくことで，様々な歌唱教材の豊
かな表現に応用できます。「音の重なりを味わおう」等の題材にもつなげる
ことができるよう響きのある歌声で遊びましょう。

　　　　　　　　　　　　　　　　　　　　　　　　　　　（岩井　智宏）

声や楽器，身の回りの音や音楽で　高学年

57 ドレミをまねしてドレミすき

学習の要となる 音楽を形づくっている要素	
旋律	

ねらい

○範唱を聴いたり，ハ長調やイ短調の楽譜を見たりして歌う

○階名唱や旋律の音の動きに興味・関心をもち，音程を意識しながら歌う学習に主体的に取り組む

　音をとるのが苦手な子供は，次の音がどのくらい上がるのか下がるのかが不明確であることが多いと考えられます。この活動を通して，音の幅を感覚で覚え，音程感覚を身に付けます。

活動内容

(1)ドレミファソラシドから3音を選び，♩♩♩♪のリズムで旋律をつくる。音の高さに気を付けて階名で歌う

①教師がつくった旋律と同じ旋律を子供全員がまねる（5分）

例　T　ドミファ・　→　C　ドミファ・　T　シソラ・　→　C　シソラ・

②子供1人が旋律をつくり，①と同じように他の子供全員がまねる（5分）

③音の高さを手で示しながら音でしりとりをする（5分）

例　C1　　　　　　　　ソー・　C2　ソー

　　　　　　　ファー　　　　　　　　　　ファー

　　　　ミー　　　　　　　　　　　　　　　　　　ミー・

(2)ドレミファソラシドから♩♩♩♪のリズムで旋律をつくり，音の高さに合わ

せて動きながら歌う

①床の右を高い音，左を低い音として，つくった旋律に合わせて左右に動き
ながら歌う（5分）

例　①ドミソ・　②ミソド・

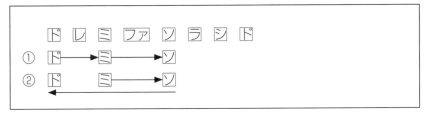

②四分音符だけでなく，八分音符等も入れながら，いろいろな旋律をつくり，
動きながら歌う（7分）

例

③ペアになり，重なり方に気を付けて動きながら歌う（5分）

・縦に並び，向かい合って同時に動きながらつくった旋律を歌う。

・同じ音になるところで同じ場所に来るようにする。

C1　ド　　　　ミ　　　　ソ　　　（四分音符で）

C2　ド　レ　ミ　ファ　ソ　　　（八分音符で）

・ミの音で互いが目の前にくるように動く。

どんな活動に応用できる？

「響き合いを生かして歌おう」等の題材で，音がとりにくいところや2声
に分かれる部分で行うと，旋律の音の動きが目と体の動きでわかるので，音
がとりやすく，合わせやすくなります。また，範唱を聴いたり，楽譜を見た
りして歌う技能につなげることができるだけでなく，旋律づくりにも応用で
きます。

（田賀谷美加里）

声や楽器，身の回りの音や音楽で　高学年

58 旋律が，楽器が，重なる呼びかけ合う

> **学習の要となる**
> **音楽を形づくっている要素**
>
> 音色　旋律　音の重なり　フレーズ
> 反復　呼びかけとこたえ　変化

> ■　教材「キリマンジャロ」
> ウォルフ　シュタイン・ウオルフガング　ヤス
> 作曲 ／ 橋本祥路　編曲
> □　リコーダー　鍵盤ハーモニカ　木琴や低音楽器
> 等

ねらい

○曲想やその変化と旋律の反復や呼びかけとこたえ，音の重なり等の音楽の
　構造との関わりを理解し，互いの音や全体の響きを聴いて，音を合わせて
　演奏する

○曲想と音楽の構造との関わりに関心をもち，友達と協働して合奏する学習
　に主体的に取り組む

　「キリマンジャロ」は，各パートの旋律の特徴を捉えやすく，子供が大好
きな合奏曲です。ここでは，合奏曲として仕上げていくということを目標に
するというより，曲の特徴を捉えて演奏するよさや面白さを感じ取りながら，
自分たちで音楽をつくり上げていく過程を大切にします。

活動内容

⑴「キリマンジャロ」の範奏を聴き，曲の特徴を捉える（7分）

C1　最初が「タンタンタンタン｜スタタタタン・｜」ってなっている。

C2　主旋律は，リコーダーと鍵盤ハーモニカが交互に演奏しているね！

⑵リコーダーと鍵盤ハーモニカで演奏する

①4拍の呼びかけ合う旋律を6人組でつなげる（10分）

②8拍の旋律の呼びかけ合いを楽しむ（10分）

・楽器を交代して，どちらも演奏できるようにする。

⑶主旋律，和音や低音の役割を6人組の班で決め，役割ごとに演奏する

①6人組の班で役割を分担し，役割に合う楽器を決める（5分）

例　主旋律　4人（Ｒ，ＫＨ）和音　1人（木琴等），低音　1人（オルガン等）

②各班の役割ごとに主旋律グループ，和音グループ，低音グループになり，
　互いの演奏を聴き合いながら意見交換する（10分）

・今日は曲の前半のみ，明日は後半のみと分けて行うとよい。

・グループ内で聴く役目をつくり，互いに教え合うようにする。

⑷各班で，役割ごとに成果を聴き合い，音のバランスを考えて合奏する

①意見交換をし，互いの音を聴き合いながら演奏する（10分）

Ｃ　和音グループでは，リズムをしっかりつかんで演奏するようにしました。

②互いの音や全体の響きを聴きながら，班ごとに合奏をする（10分）

・始めは10小節まで合わせるなど，小節を区切って全体の響きを確かめ合い
　ながら合奏するとよい。

③演奏班と聴く班になって意見交換しながら合奏を楽しむ（10分）

どんな活動に応用できる？

　「曲想の変化を感じ取ろう」の学習で器楽を扱うときに，本事例をそのま
ま生かすことができます。また，同じ役割の楽器で意見交換しながら演奏す
る活動は，合唱のパート練習等にも生かすことができ，対話的な学びを深め
ます。
　　　　　　　　　　　　　　　　　　　　　　　　　　　　（石上　則子）

声や楽器、身の回りの音や音楽で　高学年

59 イ短調の響きもかっこいっイ！

> **学習の要となる**
> **音楽を形づくっている要素**
>
> 音色　旋律　和音の響き　調
> 音楽の縦と横との関係

> ■ 教材　イ短調「きらきら星」
> □ ハ長調とイ短調の主要三和音と属七の和音カード

ねらい

○イ短調の旋律やその和音の響きと曲想との関わりを理解し，楽器の音色に気を付けながら音を合わせて演奏する

○イ短調やその和音に興味・関心をもち，イ短調の響きに浸りながら，音を合わせて演奏する学習に主体的に取り組む

　小学校では，ハ調長音階と，イ調の和声的短音階に加えて，それぞれの主要三和音，属七の和音を学習します。それらの学習は，音楽活動を通して学んでいくことで子供にとって生きた知識となります。そこで，「和音あそび」や既習のやさしい曲を短調で演奏するあそびを通して，短調の響きを感じ取り，イ短調の曲の演奏に生かしていきます。

活動内容

(1)「この曲なあに？」で元の曲名を当て，音色に気を付けながら演奏する

①教師が吹く曲の題名を当て，何が元の曲と違うのかを考える（5分）

T　みんながよく知っている曲を何かを変えて演奏するので，何の曲がどう変わったか当ててください。「この曲なあに？」

T　イ短調という「ラ」が主音になる調です。

②教師の後に続いて，イ短調「きらきら星」をリコーダーで演奏する

・始めは，ゆっくり演奏する。慣れてきたら，速度を速く，♫で演奏，3拍子♩♩で演奏のように，変化を付けてイ短調の響きに親しむ。

⑵**イ短調の主要三和音と属七の和音を使って，「和音あそび」をしたり，「きらきら星」に低音と和音の伴奏を加えたりして，イ短調の響きを味わう**

①「♯ソ」の指使いを覚えて，リコーダーで和音奏をする（5分）

・3パートで，和音の構成音を♩で分担奏する。

> V7は，3パートで分けて演奏する際は，第5音を抜く。

・Ⅰ→Ⅳ→Ⅴ→Ⅴ7→Ⅰ→Ⅳ→Ⅴ7→Ⅰなど，教師はカードを2拍ずつ示し，子供は示された和音の音から自分のパートを演奏する。

②グループごとにⅠ・Ⅳ・Ⅴ（Ⅴ7）の3つの和音を担当し，低音も加えてグループ内で和音の構成音を分担して，①と同様に演奏する（5分）

C　私たちは，Ⅰの和音を担当します。私は，オルガンで低音を担当します。

　　1・4班＝Ⅰ　2・5班＝Ⅳ　3・6班＝Ⅴ（Ⅴ7）

　　低音　㋐　　　　㋑　　　　㋒

・担当する和音を交代し，どの和音も試すようにする。

③イ短調の和音の響きに合わせて，「きらきら星」の主旋律をリコーダーで演奏する（10分）

・1・2・3班が主旋律を演奏し，4・5・6班が低音と和音を担当する，のように役割を交代する。

どんな活動に応用できる？

　「きらきら星」をイ短調に移調して演奏すると，ちょうど高学年で演奏するイ短調の曲と同じくらいの音域になります。中心となる教材に入る前に本事例を活用することで，イ短調への理解を深め，「♯ソ」などの運指等も身に付けて器楽演奏に主体的に取り組むことができます。　　　　　　　（石上　則子）

声や楽器、身の回りの音や音楽で　高学年

127

60 High & Low ゲーム
～「基準の音」に重ねよう

学習の要となる 音楽を形づくっている要素
音色　旋律　音の重なり 反復　変化

☐　音系図
　　メトロノーム
　　トーンチャイムや鍵盤楽器等

ねらい

○音の重なり方から生まれる和音の響きの特徴を理解し，友達の音に合わせることを条件に，即興的に自分の音を選んで表現する

○声の音色，音の高さやその変化に対応して即興的に声を重ねる表現を通して，音楽づくりの発想を得る

　和音の響きに慣れていないと，「友達の音につられないように」と違うパートの音に耳をふさいで歌う姿も見られます。実は和音の響きに必要なのは自分と相手との「音の距離」です。ここで行うのは，音をよく聴いて，聴こえた音から自分の音をつかむ音楽あそびです。

　音の高さに慣れたら，高さが変化する旋律的な動きや，声の音色を変えた表現にも自分の声を重ねて楽しみます。

活動内容

(1)「基準の音」をよく聴いてそれと同じ音程を声で表現する（2分）

・トーンチャイムや鍵盤等でソ（基準の音）を聴いて声で表現する。

T　最初は，「基準の音」をよく聴いて，同じ高さの音を声で表現します。
　　全員で聴き一斉に発声してみましょう。

(2)「基準の音」をよく聴いてそれより高い音・低い音を声で表現する（10分）

①「基準の音」が鳴っている間に声を出す

・トーンチャイムや鍵盤等でソ（基準の音）を鳴らし，それを聴いて声で表現する。

T 「基準の音」をよく聴いて，それより高い音を声で表現します。次に，それより低い音を声で表現します。高低音は必ずしも協和音になっている必要はありませんが，極端に高い音や低い音になってしまわないようにします。

　　　　C　ラ－－－－－

C　ソ－－－－－－－－－－－－－－－

　　　　　　　C　レ－－－－－－－

・「基準の音」より高い音（低い音）で表現できたら次の子供につなげる。

②「基準の音」に高い音と低い音のチームに分かれて声を重ねる

⑶３人組で「基準の音」を動かして，それに対応して声を重ねる（10分）

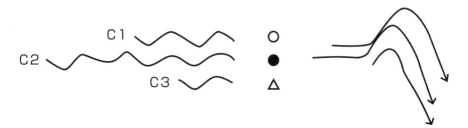

どんな活動に応用できる？

　「声の音楽づくり」「和音の美しさを味わおう」「音の重なりと響き」等の様々な題材で活用できます。友達の音をよく聴いてその音と自分の音との関わりを理解することで，様々な合唱や合奏等でも全体の構成を意識したスコア（総譜）の感覚をもちながら表現することが可能になります。

（海老原正剛）

声や楽器、身の回りの音や音楽で　高学年

61 5音で広がる　日本の響き

学習の要となる 音楽を形づくっている要素 リズム　旋律　フレーズ 反復　呼びかけとこたえ　変化	☐　リコーダー　鍵盤ハーモニカ 　　木琴　鉄琴　トーンチャイム　箏等

ねらい

○日本の音階や旋律の特徴を理解し，即興的に音を選んで短い旋律をつくる
○日本の音階への興味・関心を広げながら，友達と協働して旋律をつくる学
　習に主体的に取り組む

　日本の伝統的な音楽
に使われている音階は

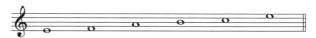

５音で構成されています。和音や和声による制約がないため，旋律をつくる
学習に無理なく取り組むことができます。ここでは，「子もり歌」で使われ
ている音階の１つを用いて旋律をつくります。

活動内容

(1)音の動きやリズムを変えて，旋律をつくる
①教師や友達のつくった旋律の，後半の４拍を変化させる（10分）

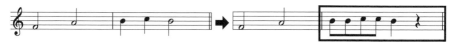

・終わりの音が「ミ」「シ」「ミ」のいずれかになるようにする。
②前半の４拍を変化させる（10分）

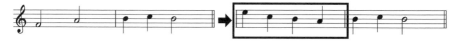

(2)教師や友達の旋律と自分の旋律とをつなげて8拍の旋律をつくる（10分）

・しりとりのように，教師や友達の旋律の終わりの音から始まるように旋律をつくる。

(3)4人組になり，友達の演奏する伴奏に合わせて友達の旋律を模倣したり，変化させたりしながら8拍の旋律をつくる（10分）

伴奏①（トーンチャイムや鉄琴等）

伴奏②（木琴や箏等）

例

・演奏順序の例…伴奏①のみ2回→伴奏①②2回→C1→C2→C3→C4
　　　　　　　　　　　→伴奏①②2回→伴奏①のみ2回

・だんだん音が高くなっていく旋律に対して，だんだん音が低くなっていくようにつくる，のように旋律をつくる際のヒントになるような例を提示しておくとよい。

どんな活動に応用できる？

　「日本の音楽に親しもう」の「日本の音階で旋律づくり」に生かすことができます。(3)の内容は，音楽の仕組みを生かした音楽づくりに発展させることができます。この学習を生かして，教会旋法や全音音階等，世界の様々な音階による旋律づくりを展開することができます。

（新妻　知明）

声や楽器、身の回りの音や音楽で　高学年

131

62 ステップ＆ターン「セブンステップス」

学習の要となる 音楽を形づくっている要素
リズム　拍　フレーズ

- ■ 教材「セブンステップス」作詞者不明
　　アメリカの遊びうた
- □ 1～7の数字カード

ねらい

○リズムや拍と曲想との関わりに気付き，そのよさや面白さを感じ取って，体の動かし方を工夫しながら楽しんで音楽を聴く

「セブンステップス」は幼稚園や保育園でも親しまれ，子供たちの中ではよく知られた歌です。音楽に合わせて英語や日本語で歌ったり体を動かしたりしながら拍を感じて，音楽を友達と一緒に楽しむひとときをつくります。

活動内容

⑴「セブンステップス」を聴きながら，音楽に合わせて歌う（10分）

①音楽を聴きながら，英語や日本語で歌う

＜英語＞One, two, three, four, five, six, seven.　　＜日本語＞1,2,3,4,5,6,7.
One, two, three, four, five, six, seven.　　　　　　　1,2,3,4,5,6,7.
One, two, three.　One, two, three.　　　　　　　　　1,2,3　1,2,3.
One, two, three, four, five, six, seven.　　　　　　　1,2,3,4,5,6,7.

②音楽に合わせて，数字カード7～1を見ながら seven (7)から歌う

＜英語＞Seven, six, five, four, three, two, one.　　＜日本語＞7,6,5,4,3,2,1～
Three, two, one.　Three, two, one.　～　　　　　　3,2,1. 3,2,1.～

⑵歌いながら，手拍子を打ったり足踏みをしたりして音楽を聴く（10分）

①音楽に合わせて，手拍子を打ったり足踏みをしたりする

One, two, three, four, five, six, seven.　One, two, three.　One, two, three.

②輪になり，音楽に合わせて歌いながら歩き，「・」で歩く方向を変える

One, two, three, four,
five, six, seven.
右回りに7歩

One, two, three, four,
five, six, seven.
左回りに7歩

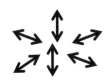

One, two, three,
One, two, three,
円の中心に
円の外側へ

・最後の「One, two, three, four 〜」は，その場で足踏み。

③グループごとに歩き方を変えたり「・」にかけ声を入れたりして楽しむ

C1　列ごとに並び，前に進んだり後ろに戻ったりしてみよう！

C2　輪になって手をつないで歩こう！　「One,two,three.」のところは
　　　足踏みして，手を上に上げたり下げたりしよう。

T　　「・」に「Turn!」（回れ），「Go back!」のようにかけ声を入れても
　　　いいね！

どんな活動に応用できる？

　「セブンステップス」は，アメリカの数えうたです。数字カードを使うことで，算数の勉強が始まった1年生が，目と耳で音楽だけでなく数字や英語にも親しむことができます。また，友達と相談しながら，拍を感じて様々な体の動かし方を工夫することにより，音楽で仲間づくりができるとともに，「はくのかんじとろう」の題材や「〇〇｜〇・」，「〇〇｜〇〇｜〇〇｜〇・」のリズムの学習に無理なくつなげることができます。

（石上　則子）

見て聴いて体を動かして　低学年

63 聴いて，感じて，表そう「行進曲」

**学習の要となる
音楽を形づくっている要素**

音色　旋律
反復　呼びかけとこたえ

■　教材　バレエ組曲『くるみ割り人形』より
　　「行進曲」チャイコフスキー　作曲
□　楽器絵カード
　　拡大図形楽譜
　　曲想を表す言葉の例

ねらい

○曲想と音色，旋律との関わりに気付く

○楽器の音色，呼びかけとこたえを手がかりに音楽を聴いて，それらが生み出すよさや面白さを感じ取りながら曲の楽しさを見いだし，曲全体を味わう

　「行進曲」は，トランペットやバイオリン，シンバルの音色を聴き取ったり，旋律の応答に気付いたりしやすい鑑賞曲です。体を動かす活動を取り入れて全曲を繰り返し聴いたり，気付きを伝え合ったりして，音楽の楽しさを見いだしていくことができる曲の1つです。

活動内容

⑴「行進曲」の旋律や音色を聴き取り，音楽の構造を捉える

① 1〜45小節を聴いて，トランペット，バイオリン，シンバルの音色を聴き取る（10分）

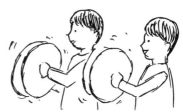

例　楽器の音を見つけて聴く。楽器を演奏しているまねをしながら聴く。

・どの音色から聴いて確かめるのか子供たちが決めていくようにするとよい。

C 1　トランペットはこんな音楽をやっていたよ。

♪ヤン　パパパ
　パッパッ
　ラッタッター

C 2　トランペットの音楽の後に，バイオリンの音楽が出てきます。

C 3　トランペットとバイオリンは，お話しているみたいに聞こえます。

・向き合って立ち楽器を演奏するまねをして聴く，楽器の絵カードを挙げる，のようにして呼びかけとこたえに気付くようにする。

②バイオリン，トランペット，シンバルの音色を手がかりに音楽を聴いて，曲想との関わりに気付く（10分）

C 1　シンバルは，みんなでたたきたくなります。楽しい曲だね。

C 2　最後のところは，クレーンゲームみたいな音がして面白いです。

・伝え合った考えは音楽を改めて聴いて確かめる。バイオリンの音を聴いて腕を上げるといった活動を取り入れて，気付いたことを共有する。

(2)音楽の構造を手がかりに全曲を聴いて，曲の楽しさや曲全体について友達と伝え合う（10分）

C 1　私は音楽の始めが楽しいです。どうしてかと言うと，ラッパの音を聴いているといい気持ちがするからです。

C 2　僕はシンバルの音が鳴るのが楽しみです。シンバルが鳴ると，次の音楽が始まると思いました。

どんな活動に応用できる？

　楽しく聴く活動を工夫して，音楽の「どの部分」で「どのような音」を聴き取ったのかを伝え合います。音楽を形づくっている要素への関心を高め，子供のもつイメージと関連付ける音楽的な見方・考え方を育み，中学年以降の様々な音楽活動を深めていく素地を培います。

（熊倉佐和子）

見て聴いて体を動かして　低学年

135

64 「たまごのからをつけたひなどりのバレエ」を聴こう

学習の要となる 音楽を形づくっている要素 音色 速度 旋律	■ 教材「たまごのからをつけたひなどりのバレエ」ムソグルスキー 作曲 ／ ラベル 編曲 □ たまごのからをつけたひなどりの挿絵

ねらい

○曲想と音色，旋律，速度との関わりに気付き，曲や演奏のよさや面白さを見いだしながら，曲全体を味わって聴く

○曲想に合う体の動きを付けて，音楽を聴く学習に楽しんで取り組む

　卵の殻を身にまとったひなどりたちが踊る様子を思い浮かべ，曲想に合う体の動きをします。ひなどりのさえずりやはばたき，足取りを想像しながら，シンバルの音等に注目して表します。

活動内容

(1)曲想と音色，旋律，速度との関わりに気付き，曲や演奏のよさや面白さを見いだしながら，曲全体を味わって聴く

①ひなどりの様子を思い浮かべながら，聴く（5分）

T　鳥の赤ちゃんのことをひなどりといいます。今から聴く曲は，ひなどりの様子を表しています。様子を思い浮かべながら聴いてみましょう。

②曲を聴いて様子を思い浮かべたことを発表する（7分）

C1　ちょこちょこ歩いている感じがする。

T　どんな感じか動いてごらん（冒頭部の音楽を流す）。

C1　小走りで動こう。

T　みんなもC1さんのまねをしてみましょう。

・子供の発言から，その動きを学級全員でまねたり，少し変えたりして動き，それをもとにして各自が自由に動くようにする。

(2)曲想に合う体の動きを付けて，音楽を聴く学習に楽しんで取り組む

①一人ひとりが，曲想に合う動きを即興的に付けて楽しむ（5分）

T　今度は，ひなどりになって動いてみましょう。

・音楽が鳴るまでは，ひなどりのポーズで待ち，音楽が鳴り終わったらまたポーズをつけて止まるようにすると，音楽の始まりと終わりを意識できるようになる。

②曲の特徴を捉えた子供の動きを，学級全体で共有する（10分）

T　　どうしてこけそうになったの？

C2　殻をかぶっているから，こけそうになりました。

T　　こけそうになったのは，どんな音かな？

C2　シンバルの高い音が鳴っているときが，ずるっとこけそうになったところです。

・シンバルの音に注目して聴くように助言し，気付いたら手を挙げるなど，学級全員がC2の気付きを共有できるようにする。

(3)曲全体を味わって聴く（7分）

・椅子にすわって，聴く。

T　　この曲のどんなところが好きですか？

C3　ちょこちょこ動くところがかわいいので，好き。

・曲の中で，好きなところやその理由を伝え合う場を設定する。

どんな活動に応用できる？

　低学年の子供にとって，無意識に体が動き出す経験は，体を通して思考・判断することにつながります。曲想に合わない動きも否定せず，自ら動く子供を育てたいと思います。経験を重ねるごとに，曲の特徴を捉える面白さを感じ取るようになります。原曲のピアノ版や富田勲編曲のシンセサイザー版を聴き比べるのも面白いでしょう。

（西沢　久実）

見て聴いて体を動かして　低学年

65 「かね」の音が聞こえる？

学習の要となる 音楽を形づくっている要素 音色　旋律　強弱　音の重なり 反復　変化	■ 教材『アルルの女』第1組曲より「かね」 　ビゼー　作曲 □ ミ・♯ファ・♯ソを1音ずつもてる楽器 　（トーンチャイム，ミュージックベル，サウン 　ドブロック等）

ねらい

○旋律の反復や変化，その重なりが生み出すよさや面白さ，美しさを見いだ
　しながら，曲全体を味わって聴く

○旋律の反復やその重なり合いに興味・関心をもち，音楽を味わって聴く学
　習に進んで取り組む

　ここでは「かね」を鑑賞する前に，トーンチャイム等で「かねのせんり
つ」の3音（♯ソ・ミ・♯ファ）の響きを感じ取り，反復・変化する旋律や
長く伸ばす音と短く切る音の違い等を楽しむ活動を行い，鑑賞につなげます。
主旋律と副次的な旋律の重なり，終わり方や曲想の変化等にも気付き，より
曲の特徴をつかんで聴くことができます。

活動内容

(1)トーンチャイムの音や旋律の響きを聴き合う

①「ミ」「♯ファ」「♯ソ」の1音ずつを3人でそれぞれ分担する（3分）

T　3音のトーンチャイムの響きを聴きます。1人ずつ音を出しましょう。

②「♯ソ」→「ミ」→「♯ファ」の順番に，1人ずつ演奏する（5分）

T　「♯ソ」→「ミ」→「♯ファ」の順に演奏してみましょう。3回繰り返
　　したら，最後の♯ソの音だけ伸ばしてください。どんな響きでしょう？

3／4　♯ソ　ミ　♯ファ｜♯ソ　ミ　♯ファ｜♯ソ　ミ　♯ファ｜♯ソ ――

・全員が1音ずつ分担して，必ず全員が体験できるようにするとよい。

③終わりの音の長い音と短い音の響きを聴き合い，違いを感じ取る（10分）

T　最後の「♯ソ」を短く切ってみましょう。どんな感じに変わりますか？

| 3／4　♯ソ　ミ　♯ファ｜♯ソ　ミ　♯ファ｜♯ソ　ミ　♯ファ｜♯ソ　・　・ |

C1　短く切るとドキっとする。何かが起こりそう。

C2　次に何かが起こって，違う旋律に変わりそう。

⑵「かね」を聴いて旋律の重なりや強弱，反復，変化を感じ取り，曲のよさ
　や面白さ，美しさを味わう（10分）

①「主なせんりつ」と「かねのせんりつ」で♯ソ→ミ→♯ファが重なること
　に気付く

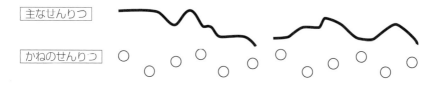

②「主なせんりつ」「かねのせんりつ」の反復，強弱や変化に気付き，曲のよ
　さや面白さ，美しさを味わって聴く

T　「かねのせんりつ」は最初から最後まで，ずっと反復していますか？

C　途中で消えて，静かな旋律に変わりました。

C　また同じ旋律に戻りました。「かねのせんりつ」も出てきました。

・どのように変化したのか，「かねのせんりつ」がどのように入ってきたの
　か，どのように音楽が終わるのか，より聴き深め，「かね」に対する思い
　を伝え合うようにする。

どんな活動に応用できる？

　「せんりつの重なりを感じ取ろう」「曲の気分を感じ取ろう」の題材に活用
できます。曲想と楽曲の構造との関わりに気付かせ，他の鑑賞曲と関連させ
たり，器楽合奏の学習に活用したりして深めることもできます。（藤井小百合）

見て聴いて体を動かして　中学年

139

66 王の行進と馬のダンスの協演
「ファランドール」

学習の要となる 音楽を形づくっている要素 旋律　音の重なり 反復　変化　音楽の縦と横との関係	■　教材　組曲『アルルの女』より 　　「ファランドール」ビゼー　作曲 □　王冠と馬のイラスト入りカード（色を変えると 　　わかりやすい）　パートナーソング（「小さな世 　　界」等）の楽譜や縦書きの歌詞

ねらい

○曲想やその変化と，旋律の特徴や反復，重なり等の音楽の構造との関わり
　に気付く

○旋律の反復や重なりを聴き取り，それらの働きが生み出すよさや面白さを
　感じ取りながら，曲全体を味わって聴く

　「ファランドール」は，対照的な"王の行進"と"馬のダンス"の旋律が
交互に演奏されるため，旋律の特徴や反復を聴き取りやすい曲です。この曲
の魅力は，最後に２つの旋律が重なるところにあるでしょう。雰囲気の異な
る旋律が重なる面白さや旋律の変化を味わうには，とてもよい教材です。

活動内容

⑴「ファランドール」の冒頭を聴き，２つの旋律の特徴を感じ取る

①曲の冒頭の"王の行進"と"馬のダンス"を聴き，「ラーンラーン」や
　「タタタタ」等で歌い，それぞれの旋律の感じをつかむ（3分）

②音楽に合わせて歩いたりステップを踏んだり手を動かしたりして，"王の
　行進"と"馬のダンス"の旋律の特徴を感じ取る（10分）

・いすに座って歩くまねをしたり，ステップを踏んだりしてもよい。

C1　足をドンドン踏み鳴らしながら，威張って歩いているみたい。

C2　ゆっくりで，長い音が多かったよ。ちょっとさみしい感じの響き。

C3　速かった。あと，細かいリズムが多かったよ。

C4　軽やかで弾んだ感じでした。明るい感じもしました。

⑵曲全体を聴き，旋律の特徴や反復，重なりを聴き取り，それらの働きが生み出すよさや面白さを感じ取りながら，曲全体を味わって聴く

①旋律の反復や重なりを聴き取り，曲の構成に気付く（10分）

・王の行進グループと馬のダンスグループに分かれ，向き合って座り，担当する旋律が現れたら手を挙げる。

・教師は，挙手に合わせて王冠と馬のカードを黒板に貼る。

C1　王の行進の旋律と馬のダンスの旋律が交互に現れたよ。

C2　最後は王の行進の旋律と馬のダンスの旋律を一緒に演奏していた！

C3　最初の方で“王の行進”同士が追いかけっこしていたよ。

②特徴の違う2つの旋律を重ねた作曲家の工夫を探る（10分）

・ペアで“王の行進”と“馬のダンス”を分担し，曲に合わせて足踏みしたりステップを踏んだりし，気付いたことや感じたことを発表する。

C1　最初の“王の行進”はゆっくりだったけど，速くなっていたよ。

C2　重なるところでは“王の行進”も明るい感じに変わったよ。

C3　2つの旋律が重なると，とても盛り上がる感じがしたよ。

⑶旋律の重なり合いを楽しみながら，パートナーソングを歌う（10分）

・互いの旋律を聴き合いながら，「小さな世界」や「ウンパッパ」，「メリーさんのひつじ」＋「ロンドン橋」，「ぞう」＋「うみ」等を歌う。

どんな活動に応用できる？

　旋律が重なる面白さや響きの広がりを味わうことを重視しました。したがって，「せんりつの重なりを感じ取ろう」「かけ合いと重なり」といった題材にすぐ活用できます。パートナーソングの活動は，一方の旋律を楽器で演奏して，声と楽器のアンサンブルを楽しむこともできます。　　　　（関　智子）

見て聴いて体を動かして　中学年

67 動いて踊って「ノルウェー舞曲　第2番」

学習の要となる 音楽を形づくっている要素 音色　速度　旋律　強弱　拍 反復　変化	■　教材「ノルウェー舞曲　第2番」 　　グリーグ　作曲 □　スポンジ製のボール　水泳の浮き棒（約 　　80cm）　スカーフ　リボン等

ねらい

○曲想と音色や旋律，拍等の，音楽の構造との関わりに気付く

○曲想の変化に興味・関心をもち，体を動かしながら音楽を聴く学習に進んで取り組む

　「ノルウェー舞曲　第2番」は，ＡＢＡの三部形式の音楽です。耳を澄ませて聴いている子供たちは，ゆったりと落ち着いたＡの音楽の中から，音色や強弱の違いに気付きます。また，突然速く激情的な主題に変わるＢはＡと対照的であるため，初めて聴く子供は，その変化にビックリします。

　音楽に合わせて動いたり踊ったり指揮したりするなど体の動きを伴うことで楽しく，曲想の変化を実感しながら鑑賞することができます。

活動内容

⑴「ノルウェー舞曲　第2番」の始めを聴き，2拍子の拍のまとまりや旋律の反復・変化と曲想との関わりに気付く

①ボールを使って2拍子の拍のまとまりをつかむ（5分）

・学級全体で1つの円をつくり，1拍目でボールを体の前で持ち，2拍目で渡すなど，始めのコントラバスの音に合わせてボールを隣の友達に渡す。

・2人で1つのボールを使い，友達から回ってきたボールを1拍目で受け取るようにすると，学級全体で2拍子の感じをつかむことができる。

②曲に合わせて歩き，旋律の反復，音色や強弱の変化に気付く（5分）

・前半と後半で動きに違いがあれば理由を聞き，音色や強弱の変化等，音楽
　を形づくっている要素との関わりを考えるように促す。

T　どうして2回目は上下の動きを大きくして歩いていたの？

C　音楽が1回目より大きく（強く）なったし，楽器も増えたと思う。

T　なるほどね。旋律は変わらないけど，楽器が増えたり音が強くなったり
　して変化したから歩き方も変えたんだね。

(2)グループで曲に合わせて動いたり踊ったりする

①曲全体を通して聴き，「なか」で大きく変化する感じをつかむ（3分）

②曲に合った動きや踊りを考え，友達と試しながら楽しむ（10分）

T　音楽に合わせて，ペアやグループで動きを付けてみてください。道具は
　使っても使わなくてもよいです。

・(1)②と同様，動きに変化があれば理由を聞く。

T　どうして「なか」のところは動きが激しくなったの？

C　音楽が急に速くなって音も急に強くなったし。なんだか，突然びっくり
　するようなことが起きて，大慌てしている感じの音楽だから。

どんな活動に応用できる？

　体の動きを伴う活動は，低学年だけでなく中学年以降でも必要です。それ
によって，鑑賞はもちろん，声や楽器で音楽づくりをするときも，自然に体
の動きを伴って表現するようになり，音楽の学びをより深め共有化すること
ができます。この活動を，国語や総合的な学習の時間，学芸会や運動会等の
自分の感じたことを表現する学習において活用すると，子供の主体的に学習
に取り組む姿を期待できます。

（脇田　秀男）

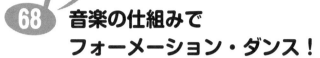

68 音楽の仕組みで
フォーメーション・ダンス！

> **学習の要となる**
> **音楽を形づくっている要素**
> リズム　速度　旋律　音の重なり
> 反復　呼びかけとこたえ　音楽の縦と
> 横との関係

> ■ 教材「ハンガリー舞曲　第5番」等
> 　ブラームス　作曲
> □ 音響機器　メトロノームや PC のシーケンス
> 　機能等

ねらい

○曲想と旋律の反復や変化，音の重なりを理解し，曲全体を味わって聴いたり，どのように音楽の仕組みに合った体の動きを表現するかについて思いや意図をもつ

○曲想の変化に興味・関心をもち，音楽を形づくっている要素と体の動きを結び付けて，音楽を聴いたり曲想に合った表現を工夫したりする学習に友達と協力して取り組む

　曲のよさや面白さ，美しさを理解して聴き，友達と協力してフォーメーション・ダンスをつくることは，音楽を形づくっている要素と結び付けて曲想を表現していることと言えます。ここでは「ハンガリー舞曲　第5番」等の子供たちが要素を理解しやすい曲を取り上げ，自然に何度も聴きながら学びを深めていきます。

活動内容

⑴**基本の動きと2種のフォーメーション・ダンスをする**

①音楽の速度に合わせてその場で足踏みをする（3分）

・メトロノームや PC のシーケンス機能等の4拍を反復して使ってもよいし，鑑賞曲に合わせてでもよい。「ハンガリー舞曲　第5番」の場合は，2／4拍子2小節分を4拍と捉える。

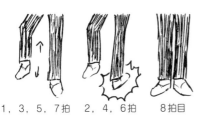

1，3，5，7拍　　2，4，6拍　　8拍目

> 最初は左右を気にしなくてもよい。慣れて
> きたら１２３４５６７８の１３５７拍（強
> 拍）を左足にする。次に１２３４５６７８
> の７でいったん停止する動きにする。

②5人組で「観覧車の動き」（反復等）をする（5分）

> 次に１２３４５６７８の７で次のポジショ
> ンに移動し，8はその場で一歩踏む。中央
> の子は周囲と逆向きに回る，または２拍ず
> つ立つ（両腕を頭の上に挙げる），座る
> （体の前で両腕を組む）動きにする。

③5人組で「列移動の動き」（呼びかけとこたえ等）をする（7分）

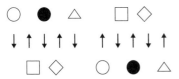

> 前列と後列が１２３４５６７８の７で入れ
> 替わる。8はその場で1歩踏む動きにして
> 再度入れ替わる動きに備える拍とする。

(2)**鑑賞曲を聴き，曲全体の構成や変化の仕方をつかむ**

①曲想の移り変わりを味わいながら鑑賞曲を聴く（5分）

・「ハンガリー舞曲　第5番」の場合は教科書等の楽譜を確認しながら聴く
　とよい。

②強弱や速度の変化に気を付けながら聴く（7分）

(3)**グループでフォーメーション・ダンスの構成を考え表現する（10分）**

・曲想が変化するところで動きを変え，動きの構成を考えるようにする。

どんな活動に応用できる？

　「曲想の移り変わりを感じ取りながらきこう」等の題材で活用できます。
また，呼びかけとこたえ等の音楽の仕組みの意味を実感しながら理解するこ
とができます。

（海老原正剛）

見て聴いて体を動かして　高学年

145

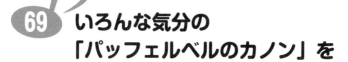

69 いろんな気分の 「パッフェルベルのカノン」を

学習の要となる 音楽を形づくっている要素 音色 反復　変化　音楽の縦と横との関係	■　教材「パッフェルベルのカノン」 　　ヨハン・パッフェルベル　作曲 □　リコーダー　低音楽器　トーンチャイム等

ねらい

○曲想とその変化と音楽の構造との関わりについて理解し，曲全体を味わっ
て聴いたり，旋律を即興的につくったりする

　「パッフェルベルのカノン」は，子供たちが生活の中のどこかで耳にした
ことがあるなじみのある曲です。反復される通奏低音に旋律がカノンで演奏
される構成は，子供たちにとってわかりやすいものになっています。また，
単純な旋律を反復したり，違う旋律を重ねたり，繰り返す低音のリズムを変
化させたりして高学年らしい音楽あそびが展開できます。

活動内容

(1)手拍子のカノンで音楽の仕組みを理解する（10分）

T　これから４拍手を打つので，みんなはその後にまねをしてね。

T　簡単にできるね。今度は同じ４拍ずつだけど，打つ場所を変えていくよ。
　　みんなはまねっこするから４拍遅れてたたいてね。

T　🖐 🖐 🖐 🖐　■ ■ ■ ■　☐ ☐ ☐ ☐

　　（手拍子）　　　　（頭の上で）　　　　（膝をたたく）

C　　　　　　　　🖐 🖐 🖐 🖐　■ ■ ■ ■　☐ ☐ ☐ ☐

　　＜聴く＞　　　（手拍子）　　　　（頭の上で）　　　　（膝をたたく）

・教師の代わりにリードする子供を決めるなどして子供同士で楽しむとよい。

⑵**低音の動きや和音の響きに注目して，「パッフェルベルのカノン」を鑑賞し，気付いたことや感じ取ったことについて友達と交流する（10分）**

・原曲「パッフェルベルのカノン」（イ・ムジチ合奏団）を鑑賞し，気付いたことや感じたことを隣の友達と話し合う。

・低音の動きに気を付けてもう一度鑑賞する。

⑶**「パッフェルベルのカノン」の低音にのせて旋律をつくる（10分）**

・和音に含まれる音をトーンチャイムで演奏し，響きを確認する。

・和音に含まれる音を使い，2分音符のリズムで旋律をつくる。

例

⑷**つくった旋律をつなげたり重ねたりする（10分）**

・つくった旋律をペアで重ねたり，カノンにしたりする。

・低音とつくった旋律を使ってグループでつなげ方や重ね方を工夫する。

⑸**いろいろな「カノン」を聴いて楽しむ（10分）**

・ピアノソロ・マリンバ・ジャズ・アカペラ・尺八と箏，等の演奏を聴いて自分が気に入った演奏について友達と意見交換し合う。

・今日は1曲，他の演奏は，明日，明後日と常時的に聴くようにする。

どんな活動に応用できる？

　「パッフェルベルのカノン」では，カノンの仕組みやコード進行の理解，様々な演奏形態の鑑賞など多岐に渡る活動を行うことができます。パッフェルベルの作曲法から通奏低音の役割や循環コード，カノンのよさや面白さを感じ取ったり，多様な編曲に触れ自分の好みの音楽に出合ったりすることは，潤いのある豊かな生活を営むことにつながっていきます。　　　　　　（半野田　恵）

見て聴いて体を動かして　高学年

70 詩と音楽が織りなす「日本歌曲」

<table>
<tr><td>学習の要となる
音楽を形づくっている要素

音色　速度　旋律　強弱
反復　変化</td><td>■　教材「赤とんぼ」
　　三木露風　作詞／山田耕筰　作曲
　　「待ちぼうけ」
　　北原白秋　作詞／山田耕筰　作曲等</td></tr>
</table>

ねらい

○曲想と声の音色，旋律の反復や変化，声の重なり，歌詞の内容との関わりを理解し，詩や音楽を味わって聴いたり，曲想に合った歌い方を工夫したりして，どのように歌うかについて思いや意図をもつ

○歌詞と音楽との関わりに興味・関心をもち，自分で曲を選んで音楽を聴いたり，曲想に合った歌い方を工夫する学習に友達と協力して取り組む

　ここでは，日本の歌曲を聴いてそのよさや面白さ，美しさを感じ取り，自分たちで表現したい曲を選択し歌い方を工夫する学習を行います。日本の歌曲は，日本語のもつ音韻や意味が大切にされ，詩と音楽が見事に融合されている味わい深い作品が多く，未来に残したい日本の音楽財産の1つです。

活動内容

⑴「赤とんぼ」を声の響きや演奏形態，歌詞の内容と曲想との関わりを理解しながら，そのよさや面白さ，美しさを感じ取り，曲全体を味わって聴く

①作詞者の心情を想像しながら聴く（10分）

・作詞・作曲家名を知り，詩がつくられた心情を考えながら聴く。

C　三木露風は，自分の小さい頃の思い出を詩にしたんだね！

②歌詞と旋律の音の動きや強弱との関わりを，手を上下に動かしながら理解して聴く（5分）

C1　旋律が一気に上がるね！　ゆっくりした速さだからよく合うんだね！

C2　音が上り下がりで強弱が変
　　っている。最後の部分は弱く
　　歌っていて，子供の頃のこと
　　を懐かしんでいることが伝わ
　　ってくるね。

手の動き

ゆうやけ　こやけーの　あかと　ん　ぼ

③グループごとに互いの手の動きを見ながら，旋律の音の動きや強弱の変化
　をつかみながら，曲全体を聴き深める（5分）

⑵「待ちぼうけ」も同様に聴く（15分）

⑶「赤とんぼ」グループと「待ちぼうけ」グループに分かれ，曲想に合った
　歌い方を工夫して発表し合う

①各グループで，数名ずつ何番を歌うかを決め，速度，強弱，表情等を工夫
　しながら，どのように歌うかについて話し合いながら歌う（10分）

C　僕たちは，「赤とんぼ」の1番だけど，1段目の一気に音が上がってい
　　く旋律をていねいに滑らかに歌いたいね！

・1番を1人，2番を2人など，人数を替えて分担してもよい。

②「赤とんぼ」「待ちぼうけ」の発表日を決め，それぞれがどのように歌おう
　と考えているかを伝えて発表する（各10分）

・「赤とんぼ」1番→2番→3番→4番と分担した順に並んで発表する。

　　　○　○　○　　　　　●　●　●　　　　　◇　◇　◇　　　　　◆　◆　◆
　　○　1番　○　　　　　　2番　　　　　　　3番　　　　　◆　4番　◆

どんな活動に応用できる？

　　ここでは，独唱の歌曲を鑑賞し，歌詞の内容や言葉の音韻と旋律との関わ
りを重視しました。したがって，「詩と音楽の関わりを味わおう」といった
題材にすぐ活用できます。「赤とんぼ」は，中学校の歌唱共通教材でもあり，
様々な演奏形態で歌われています。独唱，重唱や合唱等の演奏形態に着目し
て聴き深め，中学校の学習につなげることも考えられます。　　　（石上　則子）

参考文献

『あそびうた大全集200』　　　　　　　細田淳子　永岡書店

『「音楽づくり・創作」の授業デザイン』　石上則子　教育芸術社

『小学校学習指導要領（平成29年度告示）解説　音楽編』

　　　　　　　　　　　　　　　　　文部科学省　東洋館出版社

『楽しいリズムあそび』　　　　　　　　小宮路敏　玉川大学出版部

『楽しく実践できる音楽づくり授業ガイド』DVD

　　　　　　　　　　　　　国立教育政策教育研究所　学事出版

『日本音楽の授業』　　　　　　　　　　山内雅子　音楽之友社

『伝統音楽の基礎知識＆活動アイディア』　伊野義博　明治図書

『民謡指導マニュアル』　　羽鳥昇兵・波多一策　財団法人　日本民謡協会

『日本伝統音楽の授業をデザインする』　小島律子　暁教育図書

『「我が国の音楽」の魅力を実感できるワクワク音楽の授業』

　　　　　　　　　　　　津田正之・小川公子　学事出版

【執筆者一覧】 ※所属は令和2年4月現在

石上　則子（元　東京学芸大学）

岩井　智宏（桐蔭学園小学校）

江口　陽子（新潟市立総合教育センター）

海老原正剛（東京都世田谷区立尾山台小学校）

大川　直子（東京都昭島市立東小学校）

叶　こみち（東京都北区立八幡小学校）

熊倉佐和子（東京都練馬区立関町北小学校）

小川　公子（東京藝術大学大学院修了）

関　　智子（東京都東村山市立久米川東小学校）

田賀谷美加里（東京都文京区立青柳小学校）

中川　法子（新潟市立新潟小学校）

中山　純子（東京都板橋区立板橋第五小学校）

新妻　知明（東京都品川区立大原小学校）

西沢　久実（兵庫県神戸市立神戸祇園小学校）

祢津　瑞紀（東京都練馬区立練馬第二小学校）

半野田　恵（東京都立川市立第三小学校）

藤井小百合（東京都足立区立花保小学校）

星野　朋昭（東京都板橋区立下赤塚小学校）

増田　美香（東京都中野区立令和小学校）

脇田　秀男（東京都江戸川区立葛西小学校）

【編著者紹介】

石上　則子（いしがみ　のりこ）

東京都の小学校にて，音楽専科教諭として長年音楽科教育に取り組む傍ら，特別活動や総合的な学習の時間などにも深く関わる。最後の勤務校では，創立50周年行事委員長としてその責務を果たす。また，長年にわたり東京都小学校音楽教育研究会（都小音研）即興表現研究会の代表を務め，都小音研研究部長や副会長などを歴任し，東京都の音楽科教育の向上に力を注ぐ。音楽づくりを研究課題とし，文部科学省・東京都立教育研究所（現東京都教職員研修センター），NHKの教育音楽番組などにも協力する。また，音楽教育関係の書物や雑誌などに寄稿したり各地区の講習会にてワークショップや講演を行ったりし，音楽づくりの実践を紹介と普及に努める。

小学校退職後，東京学芸大学准教授，東京家政大学・日本女子大学・東京藝術大学非常勤講師を歴任し，現在，日本女子大学非常勤講師として後進の指導に当たる。

日本オルフ音楽教育研究会運営委員，日本音楽教育学会常任理事，日本現代音楽協会教育プログラム研究会オブザーバー，東京都小学校音楽教育研究会名誉会友。

〔本文イラスト〕本橋久世

音楽科授業サポートBOOKS

歌唱共通教材から伝統音楽，各分野の教材まで

みんなで深める！　小学校音楽あそび70

2020年9月初版第1刷刊　Ⓒ編著者　石　上　則　子
　　　　　　　　　　　発行者　藤　原　光　政
　　　　　　　　　　　発行所　明治図書出版株式会社
　　　　　　　　　　　　　　　http://www.meijitosho.co.jp
　　　　　　　　　　　　　　　（企画・校正）赤木恭平
　　　　　　　　　　　〒114-0023　東京都北区滝野川7-46-1
　　　　　　　　　　　振替00160-5-151318　電話03(5907)6701
　　　　　　　　　　　ご注文窓口　電話03(5907)6668
＊検印省略　　　　　　組版所　中　央　美　版

Printed in Japan
JASRAC 出 2005266-001

ISBN978-4-18-318029-2

もれなくクーポンがもらえる！読者アンケートはこちらから　→